KAMINOGE №143

Cover PHOTO:
Sachiko Hotaka

NO ROOM
FOR
SQUARES

PETIT KASHIMA

俺の人生にも、一度くらい幸せなコラムがあってもいい。

VOL.142

いまでも使える猪木イズム

プチ鹿島

プチ鹿島（ぷち・かしま）1970年5月23日生まれ。芸人。『教養としてのアントニオ猪木』（双葉社）、発売しました。よろしくお願いいたします。

10月18日に『教養としてのアントニオ猪木』（双葉社）という本を出しました。おまえに猪木の何がわかるのだと思う方もいるだろう。本のまえがきにも書いたのですが、じつはこの本は教養本ブームに対しての私のささやかな抵抗なのです。いま『教養としての○○』という本はやたらと多い。忙しい人々にとっては手軽にとれる栄養補給のような感覚なのかもしれない。

しかしですよ、教養ってそんなに簡単に手に入るものなのだろうか？　まわりから見れば無駄としか思えない時間を費やしてようやく教養らしきものは身にまとえるはずだ。アンチコスパこそ教養ではないか？

その点アントニオ猪木は素敵だ。長年見てもよくわからないからだ。考えるほどわからなくなる。だから楽しい。自問自答できるし、友がいるならいつまでも語り合える。「考える」「迷う」「想像する」という教養のきっかけを体験できるのである。

『教養としてのアントニオ猪木』では政治家・猪木にも注目している。というか1993年に勃発した猪木スキャンダルって凄くなかったですか？　連日ワイドショーで猪木批判が大展開されていた。ここまで叩けるのかというくらい叩いていた。そしてワイドショーに出た猪木は泣いてしまったこともあった。当時大学生だった私は見たくないものを突きつけられて苦い思いの日々が続いていた。一方で、ほ～ら政治家になるから「こんなに明らかに」なってしまうのだという思いも正直あった。あの騒動は一体なんだったのか？　新刊ではもう一度じっくり考えたかったのである。で、本を書くにあたって昔の新聞や猪木本を読み返していたらあっと声を出してしまった。

なんと当時、元秘書が「猪木議員と統一教会」の関係についても告発していたからである。1992年に旧統一教会の創設者の文鮮明氏が来日したのだが、日本に入国できるよう動いてほしいと最初は猪木議員に依頼があったというのだ。これには仰天した。昨年の安倍元首相銃撃事件以降、旧統一教会問題があらためて注目されている。そんな中で出てきた猪木絡みの大ネタだった。おさらいすると文鮮明氏は90年代はじめに日本に入国できなかったが、自民党副総裁の金丸信が動いたおかげで入国が認められたという事実が昨年に明らかになった。

文氏は米国で脱税の有罪判決を受けて服役しており、入管法の規定で本来は入国できなかったのだ。なので法務省は当初、不許可とするつもりだったが、金丸氏が「保証」したことにより、入国が認められたのである。金丸信の権力を思い知る。紛れもなく金丸信は当時のドンである。しかし猪木の元秘書によれば、統一教会の幹部が文鮮明入国について動いてほしいと最初に頼んだのは金丸ではなく猪木だったというではないか。権力ど真ん中の金丸信より一年生議員の猪木に頼んだだと？ これにはどんな意味があるのか。武者震いがした。

本の後半、この謎を追うために私はいろんな人に会い、話を聞いた。その面子には政治記者もいれば鈴木エイトさんもいた。猪木そして最後にたどり着いたのは……。猪木を考えることは悦びであるのだが、この夏、私はずっとドキドキしていた。やはり猪木は亡くなってからも我々の感情を揺さぶってくる。私の成果を是非とも確認してください。さらに言えば『教養としてのアントニオ猪木』はテレビ論でもありメディア論の本でもあります。幅広い考察ができるのは猪木という「教材」があるからこそ。本当にありがたい存在なのです。

さて、いまでもアントニオ猪木は役立つという例を紹介しよう。10月2日にジャニーズ事務所が記者会見をおこなった。ジャニーズという名前を無くすなどの発表があったが、会見は大荒れとなった。翌日の新聞を見ると「ガバナンスなお不透明」（日経新聞）などと指摘されており、細かい部分については曖昧だったこともわかる。

そしてご存じ「NGリスト」である。NHKが報じた『ジャニーズ事務所会見会場に質問指名の「NGリスト」』というスクープ。記者ら「6人」の名前と顔写真が掲載されたリストがあったという件。言わばこの新「V6」報道で流れは一気に変わった。

この数日後に私は『ニュース23』（TBS系）に出演した（なぜか招かれた）。ジャニーズ会見についてコメントすることになった。私は「もう一度記者会見をやるべき。次は時間無制限、ルールは互いのプライドのみで」と提案した。こういうルールなら事実を確認するまで何時間もかける覚悟が求められるし、記者側も態度などを含めて問われるだろうと考えたからだ。

「ルールは互いのプライドのみ」という提案は好評だったが猪木ファンならニヤニヤしただろう。これはマサ斎藤との巌流島の決闘での猪木の言葉である。あの決闘は無観客でレフェリーもいなかった。「時間無制限」「己のプライドがルール」のみ。猪木の言葉がまた役立った。筑紫哲也氏からの伝統的な『ニュース23』で猪木の巌流島が甦るとは！ どう考えても時代が混沌としている証拠だと思う。猪木イズムはいつだって有効なのである。

FEDELTA
KYORAKU
ForJapan

RIZIN
FEDELTA
FEDELTA
FEDELTA
FEDELTA
FEDELTA
ISAMI
RIZIN

総合格闘家

平本蓮

若者たちが君を見ている。君にはイチ抜けする資格がない。

収録日：2023年10月12日
撮影：保高幸子
写真：©RIZIN FF
聞き手：井上崇宏

「『自分がやらなきゃいけない』
って使命感じゃなくて、
どうやって生きたら楽しいか？
そう考えたときにやっぱり自分は
エンターテインメントに魂を売っていこうって。
これからはもうバーンと爆発するだけです。
ボクはずっと真面目に考え過ぎていたんですよ」

「この殺伐とした生活にとうとう嘘がつけなくなった」。

4月29日、『RIZIN LANDMARK 5』で斎藤裕に判定1－2で敗れた平本蓮が、8月15日、X（旧ツイッター）で「もう強がるのに疲れてしまった」、「死にたくないから退くことを選んだ」などの引退を示唆するような長文ツイートをしていた。

その後、家族や関係者も連絡がとりにくい状況が続いていたそうだが、9月に入り、練習をしている平本の姿がSNSで見られるようになる。

常に物議を醸す強気な発言や、攻撃的なツイートで注目を集め、一部の若者からは絶大な支持を誇る平本は、いったい何に疲れていたのか？


「前々からメンタルの波っていうのはあったけど、これだけ大きかったのは初めて。『何が原因だったんだろう？』って考えたら……」

——斎藤裕戦が4月29日（『RIZIN LANDMARK 5 in YOYOGI』）だったから……。
平本　もう半年前くらいになりますね。
——最後にお会いしたのは試合よりももっと前だったから、けっこうひさしぶりですよね。
平本　そうですよね。ボクはあまり会場にも行かなかったから。
——お元気ですか？
平本　いまは元気っス（笑）。
——よかった。負けてしまいましたけど、斎藤戦は凄く拮抗した試合でしたね。
平本　いや、でも「ヒマな試合だったな」と思っていて。もっといろいろできたなっていうのがあって、ただ自分があの時点でどれくらいMMAに適応してるかがわかったというか。結果は判定2－1で敗れたんですけど、もう1回やったら絶対に勝てると思っているし、まあ、それはみんなそう思っていますよ。あの試合に向けて凄くトレーニングをして、あの日を境にMMAファイターとして完全に変わったなというか、成長したなという実感は掴み取れたんじゃないかなって思いますね。
——平本さんのことを過大評価も過小評価もしていないつもりですけど、「もう斎藤相手にこんな感じなんだ!?」っていう成長スピードに驚き、「いやこれ、もっといけば勝てたでしょ」って不満も残る感じで。
平本　そうですよね。だから2－1ってなったときに自分でも「うわっ、もったいねえ……」と思って。やっぱり斎藤選手もキャリアがあるんですんなりとはいかなかったし、RI

ZINの判定はラウンドマストじゃなくてトータルじゃないですか。だからあれ以降は「今後もRIZINでやっていくなら」っていう違う視点でRIZINの試合を観れるようになったっスね。このまえの名古屋大会の太田忍と佐藤将光も2－1で割れましたけど、ここで勝っていくにはどこをポイントとすればいいのか。もしRIZINがラウンドマストに変わるならボクは賛成するんですけど、トータルならトータルでべつに変えてほしいとは思わない。自分で経験してみて、今後の参考になったのかなっていう試合でしたね。ただ、やっぱ「もったいなかったな」って。

――試合が終わった直後あたりはどんなメンタルだったんですか？

平本　あの試合で負けたあとは「どうしたらいいんだ……」って混乱していくなかでメンタルの波が重なって、これまでの人生で考えられないくらい落ちまくっていたんですよ。自ら落ちに行ってるんじゃないかって自分を疑うレベルで。

――自分でも望んでいないと、ここまで落ちないだろうっていう。

平本　それでもう闘える気がしないくらいまでになっちゃって。「なんで、いままでこんな凄いことができてたんだろ？」っていうくらい、格闘技のこととかを考えられないほど混乱したというかバグっちゃって。そういうすげえ落ち込んでいた時期が続いて、9月後半くらいに徐々にというか、ある日を境に急にスッキリして。

――つい、このあいだじゃないですか。

平本　そうですね。それで、いまはむしろモチベーションが前よりも「がんばっていこう」となれているというか、シンプルに「がんばる」って前向きな気持ちでしかないですね。

――どっぷりと落ちたときに「自分のなかで何が起きてるんだ？」って慌てますよね。

平本　自分は前々からメンタルの波っていうのはあったんですけど、これだけ大きかったのは初めてで。「何が原因だったんだろう？」っていうなかで「やっぱり相当勝ちたかったんだろうな」と。試合が決まったら、勝負の結果で一気に人生が変わっていくのでピリピリしてなきゃいけないんですけど、斎藤戦は特にピリピリしていたから。

――たしかにめちゃくちゃ重要な試合ではありましたからね。

平本　でも、あの試合を迎えるまでの感覚が楽しいとも言えるわけなんですけど。

――落ちているあいだ、まわりの人たちは平本さんとどういうふうに接していたんですか？

平本　榊原（信行）さんとか親もそうですけど、「キツかったら格闘技を辞めたっていいんだよ」って。

「自分でもほとんど記憶がないですからね。もう家から出られなくなっちゃって、カーテンとかも1日じゅう閉めて」

――その「辞めたっていいんだよ」という言葉で、その頃いかにキツい状態だったかが知れるわけですけど。

平本　そう言われたけど、辞めようとは思わなかったですね。たぶん、いまさら辞めるとかっていうのはないと思うんで。現実問題、ほかの仕事はできないなっていうのもあり（笑）。だから引退とかそういうのはいっさい考えていなかったんですけど、ずっとひとりで考えていて、ボクは凝り性というか、やるならなんでも徹底的にやりたい、だから凄く細かいところまで気にしちゃう性格なんで、真面目にというか、エンターテインメントに取り憑かれてしまっていたんですよね。

――24時間、全局面でエンタメをやってやろうみたいな。わかります？

平本　ずっとエンターテインメントに取り憑かれていたし、その生き方しかできないし、でもそれを見せられていない自分が心配になってくる葛藤というか。じゃあ、これを手放したら気持ちがラクになるのかもしれないけど、いままで自分がやってきた種まきが全部台無しになっちゃう感じも怖くて。そうしたら急にまわりの声とかも気にするようになっちゃって、なんでいままでどうでもいいと思っていたことを聞いてしまうんだろうって思ったときに「これはたぶん一生終わらないな」って思ったんですよ。ちょうどそのとき、前から好きな（甲本）ヒロトさんの動画で「若い人に向けたメッセージ」みたいなやつを観て。

――あー、はいはい。「いろいろ不安だろ？　イライラもするしな」っていうやつ。

平本　そうそう（笑）。「それ、大人になっても不安だし、そのままでいいんじゃない？」って。あれが真理じゃないですか。だからもうやっていくしかないんだなって思って、ある日を境に吹っ切れられたんですよ。それで「またがんばっていこう」って。だからマジで2、3カ月前とかはヤバいくらい情緒不安定だったんですけど、いまは「また爆発して、ファンを興奮させてやる」ってなっています。結局、それしかやりたいことがないなっていうのがあるんで（笑）。だからなんか、いい期間だったのかもしれないですね。

――精神的に苦しかったけど、大事なところの再確認もできた感じで。

平本　本当にここまでひどくないですけど、何年かに1回はこうなっちゃうんですよ。

――過去にも。

平本　3年に1回くらいは来るっていうか、溜め込んでいたものが一気に爆発しちゃうときがあって。それがいま毒が抜け切った感じがして清々しいですね。練習とかも楽しいし。

――「これからも自分はエンターテイナーとして生きるんだ」となってます？

平本　逆に言えば、消えていたときもボクはエンターテイナーとして間違っていない行動をできていたかなと思って。

――本気で落ちるとこまで落ちた自分というものも、ギリギリでエンタメにできたってことですかね。

平本　そうです、そうです。落ちてる自分にファンも一緒に乗っかってくれていたんで。自分は無敵キャラとかじゃないんで、弱者に向けた歌を歌うじゃないですけど、ボクみたいな感じのヤツって若い世代にいっぱいいると思うんですよ。そいつらに何かしてあげられることは何もないんですけど、けっこうメッセージが来たんですね。みんな何かがあって、自分と同じように落ち込んでいる人たちからめちゃくちゃDMが来て、それをいろいろ見ていたときに「こんな感じになっても闘うっていう自分の美学を見せていくことが、弱者を救うきっかけになれるかな」と思って。だから落ち込んだり悩んだりするのって全然恥ずかしいこととかダメなことじゃない、しょうがないことだと思って。なので、どんな悩みがあっても元気を出して闘わないといけないっていう、闘いって格闘技に限らず、人生も闘いというか、なんでもそうじゃないですか？　だからそういうふうに全部をさらけ出していこうってなってます。さらけ出そうっていうふうに思ってから、いまは気持ちがラクですね。

――めちゃくちゃ酔っ払って気分が悪くなって、ゲロを吐いたあとみたいなスッキリ感。

平本　あー、そうです。「なんで、あんなに落ち込んでたんだろ？」っていうくらいスッキリしちゃって。自分でもほとんど記憶がないですからね。もう家から出られなくなっちゃって、カーテンとかも1日じゅう閉めて、携帯なんかまず触らないし、ずっとYouTubeで森の映像とかを観てるとか、ひたすら川の音を聴いてたりして、マジで頭がイカれてましたね（笑）。

――完全にぶっ壊れてましたね（笑）。

平本　「この音、なんか効くかも」みたいな（笑）。あとはずっと雲を眺めてたりとかして。でも、振り返ればいい時間だったなって思います。自分しか会話をする相手がいなかったんで、逆にもっと自分のことが好きになれた感じがしますね（笑）。

――すべては斎藤戦での負けがきっかけなんですね。

平本　勝って次に進んで行きたかったのが、ちょっとのつまづきに引っかかっちゃったというか。

「中学のときに学校生活とか集団生活が憂鬱でしかなくて、いまの職業を考えたら根本的に合っていなかったんだろうなって」

——ステーンと転んじゃった感じですよね。

平本　それで全然燃え尽きたわけじゃないんですけど、悔しさを超えて悲しくなってきたというか。ボクは病気だと思いますね。完全に（笑）。

——ぶっちゃけ、この半年間は病気している期間でしたよね。部屋のカーテンが開けられない、SNSを見ることができない。

平本　はい。完全にそうです。たまに外に出ても、顔も出して歩けなかったんで。普段は変装とかまったくしないようにしているんですよ。日本の有名な人ってコソコソと変装するけど、でも、もしバレたときに「アイツ、めっちゃオーラない」って思われるじゃないですか。コナー・マクレガーがプールで盗撮されている動画をたまたまインスタで観たんですけど、普段もめちゃくちゃ目立つ感じで歩いててカッコいいんですよ。マジで死ぬほど目立ってて（笑）。振る舞いとしてはそれがベストだと思っていて、だけど、その頃は常にサングラスとマスクをしていましたね。

——しんどかったでしょうね。

平本　人なのか街なのか、すべてに見られている感じがして。なんかわかんないんですよ。見られていないのにそういうふうに思って。

——ただ落ちてるだけなら自分がしんどいだけで誰にも迷惑をかけないけど、ちょっと気持ちが攻撃的になったりすることもあったんですか？　被害妄想に陥ったりとか。

平本　被害妄想はないですけど、攻撃的というか急に元気になる瞬間があったりすることもありましたね。それから気づいたらまた「ああ……」みたいに落ちたりして、その繰り返しにめちゃくちゃ疲れちゃったんですよね。

——疲れますよね。朝起きたときがいちばんヤバいとか、そういうパターンみたいなものはありました？

平本　朝起きたときは逆にいちばんスッキリしていたんですよ。それが夜になるにつれ、起きてると余計にずっと考えちゃうじゃないですか。それで寝られなくなってみたいな。朝起きたときは「なんかできそうな気がする」と思うんだけど、ちょっと時間が経ったらまたドンドンって沈んでいく感じで。

——本当に激鬱の日々を過ごしていたんですね。

平本　腐りに腐っていましたね。ボクは多動症で家にずっといるのが無理なんですよ。それでも家から出られないってなったのは初めてだったんで。今後も、もしかしたらこういうことがあるのかなって思うんですけど。ここまでひどくはないけどたまに来るんで、これは付き合っていくしかないのかなって。

――こういう自分もいるんだなと。これも自分っていうか。

平本　そうですね。

――8月15日のツイートが「こんな世界に本当に疲れたもう自分は退こうと思う」みたいな内容で。「こんな生き方をしたいわけじゃなかった」、「強く生きなくてもいいから、弱くてもいいから逃げてもいいから、生き続けるんだ そうすればいつか絶対いい事が見つかると俺も信じてる 愛してるさようなら」と。

平本　いや、あのへんとかはマジで記憶がないですからね（笑）。あれで連絡がめちゃくちゃ来たんですけど誰にも返せなくて、家族からの連絡とかもシカト状態だったんですよ。だいぶいい時間を過ごしたなって（笑）。

――瞬間的とはいえ、あれは引退宣言でしたよね。

平本　そうです。「1回退こう」と思ったら、気持ちがめっちゃラクになったと思うし。

――メンタルがヤバいときってブルーハーツがちょっと効きませんか？（笑）。もう若いときに死ぬほど聴いたし、もうそんなに聴く機会もないよと思うんですけど、いまだに聴いた瞬間に覚醒するっていうか。

平本　わかります。ボクもそうですよ。夜中になって急にブルーハーツを聴きまくって、エグいくらい聴いてたら「うわー、マジでこれはあるな」とか思いながら、次の日になったらまた調子が悪いままっていう（笑）。でも元気なときよりも元気がないときのほうがブルーハーツは大好きですからね。ほしい言葉を投げかけてくれるんで。ボクは中学校のときに学校生活とか集団生活が憂鬱でしかなくて、いまの職業を考えたら根本的に集団でいることが合っていなかったんだろうなって思うんですけど、そのときの中学生だった自分の代弁者がヒロトさんだったんですよ。マジで中学のときはずっと憂鬱だったんですよ。それこそニルヴァーナとかもそうですもんね。

「自ら死にたくはないし、死ぬ気もないけど、『隕石が落ちて来ねえかな』みたいな（笑）。わけわかんないですけど」

――これは個人の感想ですけど、ボクは調子のいいときってニルヴァーナは聴いてられないんですよ（笑）。

平本　あー、はいはい。たしかに。

――だから、たぶん表現者として完璧だったんでしょうね。英語だから詩はダイレクトに入ってこないけど、「聴いてた

らマジでこっちもダルくなるわ」ってなるんで。

平本　元気なときにニルヴァーナを聴いて、「うおーい！」ってならないですからね。たしかにシリアスなときにすげえいい音色を出すなっていうのはある。

——クルマでかけると「間違えた！　事故りそう！」ってなるんですよ（笑）。

平本　アッハッハッハ！　わかります（笑）。だからもう闇すぎですよね。カート・コバーンの遺書とかを読んでも、こっちが落ち込んでるときはカートがどんどん闇に落ちていって最後に自殺してしまうっていう、精神的にめっちゃキツかったんだろうなって、共感というか心情が理解できるんですけど、こっちが元気なときは「いや、それで死んだらあかんやろ」ってなるというか。

——こっちのコンディションによって真逆の感想になる。

平本　だから落ち込んでいるときにカートの名言集みたいなやつを読んでたら、「幸せはお金で買えるのか？」ってインタビューで聞かれたときに「いや、幸せはお金では買えないと思う」みたいなことを言ってて。「俺が思う幸せっていうのは、何があるかわかんない超ダサい古着屋に行って、何時間もかけていろんなものを見て、そこで掘り出し物を見つけたときに幸せを感じる」と。「そういうことが幸せであって、何十万も持って古着屋に行って、『全部くれ』って言ってそれを手に入れるのは幸せとは思わない」って言ってるのを落ち込んでるときに読んで、それってすげえ美しいなって思ったんだけど、元気が出てきたら「いや、普通に何十万で買ったほうが早いだろ。それはそれで幸せだろ」と思ったりして（笑）。

——双極性障害ですね（笑）。

平本　だから自分は二重人格なんじゃないかなって本気で思いましたね。

——「死にたい」はなかったにせよ、「早く死なねえかな」って思うことはなかったですか？

平本　そうそうそう！　いきなりクルマとかが突っ込んできて終わらせてくれねえかなみたいな。自ら死にたくはないし、死ぬ気もないけど、「隕石が落ちて来ねえかな」みたいな（笑）。そういうことを考えたりとかはあったっスね。もうわけわかんないですけど。

——だって格闘家が練習しないと、あれこれ考えちゃう時間って無限じゃないですか。

平本　そうなんですよ。たしかに元気が出始めたのは、父親とも話していて、もともとボクシングから始めて格闘技に入ったので、総合に活かすためにもボクシングの試合をあらためてたくさん観るようにしたんですよ。そうしたらやりたくなってジムに行って、そこでやっぱり身体と気持ちと動かしてから変わっていったというか。ジムにも顔を出せないレベルだったんで。

――練習の時間は、否応なしに余計なことを考える余裕を奪われるからいいって、よく選手から聞きますね。

平本　キックのジムだと打撃だけのスパーで殴り合うじゃないですか。落ち込んでるときにああいうところに行って、仲間とかとバチバチやってるときに自分が生きてるって実感する感じはあるんですよ。やっぱ格闘技ってそこがおもしろいなっていうか。「なんのために格闘技をやってるんだろう?」って落ち込んでるときに考えてみて、日本人でも外国人でも生粋の荒くれ者のファイターってけっこういるじゃないですか?

――誰か殴らないと寝られないみたいな(笑)。

平本　マジでいるじゃないですか。ボクはそういうタイプじゃないというか、普通のヤツなんですよ。普通のヤツって言ったら「おまえ、普通じゃないだろ」って言われるかもしれないけど、ボクは本当に普通のヤツで。それでなんで小学校の頃に格闘技にのめり込んだんだろうって昔のことを思い返していたら、ボクは最初ケンカとかもめちゃくちゃ弱かったんですよ。ケンカが弱い自分が始めてすぐに極真空手の世界チャンピオンのコにボコボコにやられまくるんですよ。そのコは歴も長いんだけど、練習はそんなにしないんですよね。それで弱い自分だけどそいつを乗り越えたかったんでとにかく努力して、1年経ったらそいつをボコボコにしたんですよ。格闘技っておもしろくて、自分よりも強い選手がいて最初はスパーでボコボコにやられても、ある日勝てたときから一気に、マジで急に強くなるんですよ。積み上げていったものが使えるようになった瞬間から急にガーンと上がっていくんです。

「鈴木千裕と太田忍には元気づけられましたね。『このぐらい適当でいいんだな。俺は考えすぎてたんだな』と思って」

――緩やかなカーブを描きながら強くなっていくのではなく、一気に。

平本　組み技とかもそうですけど、「あっ、地道にやってたのが使える!」みたいな感じで。そのときに弱さを乗り越えられた自分が凄く誇らしかったんですよ。「人間の生き方ってこういうことだな」というか。もともと自分のことをそんなに強い人間だとは思っていないんだけど、プロでやっていく以上は自分に自信を持たせて闘っていくじゃないですか。「俺なら絶対にできる、俺なら絶対にできる」って思って、でもそこで固まっちゃったりする自分もいたりするんで。だ

から「とにかく弱い自分を信じるために勝っていきたい」っていうのが格闘技をやる根本にあったなと思って。結局、誰かをぶっ飛ばしたいでやってるわけじゃなくて、自分を乗り越えていきたいんですよ。そこに気づいたときに合点がいったというか、そこからは何をするべきか、今日から何をやるべきかがわかってきて、それでいまはモチベーションがかなり、信じられないくらいいいですね。

——9月後半くらいから。

平本　はい。なので今月（10月）末からまた海外に修行に行って、そこでまたさらに自分のなかでスイッチを切り替えられるんじゃないかなっていう楽しみがあって。

——そうなんですね。こういうことを言っちゃなんですけど、平本さん。男は病んでからが勝負ですからね（笑）。

平本　そうですね。間違いないです。ボクのまわりにも病んでる人しかいないんで（笑）。

——どっぷりと病んでみた結果わかることがあったと思うんですけど、人間ってみんな病んでますよね。

平本　そうですね。病んでないのは太田忍くらいじゃないですか？（笑）。

——平本蓮が元気になりました（笑）。

平本　太田忍はずっとひとりで奮闘してますからね（笑）。ボクがツイッター（X）をいじってないときも太田忍のことだけは見守ってあげていたんですよ。

——太田忍の動向だけは見れた（笑）。

平本　「おー、がんばってるな」って思いながら見守ってあげていたんですよ。っていうか、べつにアイツくらいしか騒いでなかったし。マジでアイツぐらいじゃないですか、落ち込んだりとかしないのは（笑）。もし今後、アイツに悩みごとができたとしても、たぶん論点が違うところで悩みそうなタイプじゃないですか。「いや、そういうことじゃないよ」っていうところに悩みそうっていうか。だからふと思ったのは、悩まない人とは仲良くなれないんだなって。

——なるほど（笑）。

平本　男とか女とか関係なく、神経がない人っていうか繊細じゃない人っているじゃないですか？「コイツ、ホントに図太えな」っていう。アイツはそういうヤツですもんね（笑）。だからこそ凄いアスリートでもあるんだなって。鈴木千裕とかも繊細さがなくて図太さがあるじゃないですか。鈴木千裕と太田忍は似てる。淡々と機械的な行動をするってことはやっぱアスリートなのかもしれないですよね。ただ、アーティストにはなれないけど（笑）。

——激しく上げ下げしますね（笑）。

平本　あのふたりは気持ちが強い人じゃないですか。自分に絶対的な自信があるから落ち込まないと思うし。なので鈴木千裕も太田忍も、はたから見たら凄いヤツだなとは思いますけどね。朝倉未来とかはそうじゃない部分があると思うんですよ。

――あの人は凄く繊細だと思います。

平本 だからアーティストとしても見せていける部分ってあると思うんですけど、鈴木千裕と太田忍だけは本当に……（笑）。だから逆にあのふたりには元気づけられましたね。「このぐらい適当でいいんだな。俺は考えすぎてたんだな」と思って。

「大人になるにつれて自分のなかではいい人間になれていってる気もするんですけど、格闘家として殺伐としなくなってはいけない」

――でも、ああはなれないでしょ？

平本 なれないです。だからすげえなって思います。そういう図太くて生粋で強いタイプの人ってわりと世の中でもいるじゃないですか？　自分とは反対の人間なので、逆に刺激にはなったかもしれないですね。あと、繊細そうに見せてるけど、じつは図太くて強いっていうのでは（那須川）天心とか。アイツは格闘家としても生物としても能力が高くて、絶対に勝ちを譲らない図太さがあるわけじゃないですか。だからアスリートですよね。アイツもアイツでいろいろあるのかもしれないですけど、アイツはちょっとやそっとでは面食らわなそうじゃないですか。

――何かあっても一晩寝れば解決しそうですよね。でも今回、本当に落ちている自分をなんとかエンタメにつなげられたっていうのは凄くいいですね。

平本 あとはもうバーンと爆発するだけなんで。自分はエンターテインメントに魂を売っていこうって。そっちのほうが絶対に楽しいですからね。「自分がやらなきゃいけない」という使命感とかじゃなくて「どうやって生きたら楽しいか？」ってことを考えるんですよ。それでエンタメに全振りするって言ったら「じゃあ、全部偽物なのか？」ってそうじゃなくて、本気のエンターテインメントで楽しいものを見せていきたい。それで強くてカッコいいっていうのがいちばんいいんで。だから今後はいい感じに見せていけるんじゃないかなって思いますね。ボクはずっと真面目に考え過ぎていたんですよ。自分のことだけじゃなくて、格闘技界の細かい情報まで常に全部追って、その全部の話題に触れてとかやってたら疲れちゃうんですよ。だから「なんで俺はプロモーターでもなんでもないのにこんなことやってんだ？」ってなって（笑）。

――勝手な使命感で自爆した（笑）。

平本　だから、そういう意味ではちょっと大人になってきたのかなって。大人になるにつれ、自分のなかではいい人間になれていってる気もするんですけど、格闘家として殺伐としなくなってはいけないというか、いい意味で狂っていないと。そのバランスが難しいですよね。人としては成長していても、格闘家としては「コイツをいじめてやる」っていうメンタルが強みなので、それが抜けちゃうと試合がやさしくなっちゃうんで。

――今日、話を聞くかぎりでは、いまだ後退はしていないですね。

平本　あっ、そうですね。後退はないですね。よく「K−1時代の平本はよかった」とか「K−1に戻ったほうがいい」とか言われるんですけど、K−1のときは決められたセリフを言っていただけで、何も知らないくせに黙れと思って。

――それはそれで病んだわって（笑）。

平本　ただボクは暴言とかを吐くっていうだけじゃなく、シンプルに自分の素直な気持ちを、もともとそれでしかないですけど、そのままで行こうっていう感じなので。みんな、いちいちキャラクターにしたがるじゃないですか？　日本人は物語を作りたがるというか好きだから、キャラクターで固めようとするんですけど、そうじゃなくて、これからも予期せぬ出来事を届けられたらいいなとは思ってます。そうしておもしろくしたいなって。

――今年の大晦日は何かありそうですか？

平本　ちょうどさっき榊原代表と話していて、あまりにも凄い相手を打診されたんでアリだなと思って。相手がまさか過ぎて一気にテンションが上がっちゃったっスね（笑）。

――へえー。いいお薬を処方してくれますね（笑）。

平本　マジでＲＩＺＩＮ、さすがだなって（笑）。

平本蓮（ひらもと・れん）
1998年6月27日生まれ、東京足立区出身。総合格闘家。剛毅會所属。
小学生のときからキックボクシングを始め、12歳で全国U-15ジュニアボクシング大会優勝、高校1年でK-1甲子園優勝、高校3年でK-1ライト級世界トーナメント準優勝、そして19歳のときに日本人で初めてゲーオ・ウィラサクレックにKO勝利するなど輝かしい実績を残す。その後、総合格闘技に転向し、2020年12月31日、『RIZIN.26』萩原京平戦でMMAデビュー（2RTKO負け）。2022年3月6日『RIZIN LANDMARK vol.2』で鈴木千裕に0-3の判定負け。2022年7月2日『RIZIN.36』で鈴木博昭に2-1の判定勝ちを収めMMA初勝利。2022年11月、『RIZIN LANDMARK 4』で弥益ドミネーター聡志に判定3-0で勝利する。同年大晦日の梅野源治とスタンディングバウト特別ルールをおこない、2023年4月29日、『RIZIN LANDMARK 5』で斎藤裕に判定1-2で敗れた。

バッファロー吾郎Aの

きむコロ列伝!!

Buffalo GoroA

第142回 スベることを怖がらない女

バッファロー吾郎A

バッファロー吾郎A/本名・木村明浩（きむら・あきひろ）1970年11月24日生まれ/お笑いコンビ『バッファロー吾郎』のツッコミ担当/2008年『キング・オブ・コント』優勝

9月からコロナのせいで中断していた大喜利ワークショップ『FunnyA』（以下ファニーA）を3年半ぶりに再開した。

大喜利ワークショップ・ファニーAとは、僭越ながら私が主催する大喜利力をつけるためのお笑いジムでありファニー道場である。たとえるなら『お笑い版アメリカントップチーム』や『大喜利シュートボクセ・アカデミー』といった感じでギリギリまで名前を『シュートワラカセ・アカデミー』と迷ったが、もし本家からクレームが来たら怖いのと、わかりやすさを優先して大喜利ワークショップと銘打った。

お笑い事務所が運営する養成所と違い、お笑いのジムなのでプロアマ、年齢性別、所属事務所など一切不問。スケジュールがあえば2時間ほど一緒に大喜利力を鍛えて最終的にお客さんの前でライブ形式でジム内のナンバーワンを決める（自由参加）。そしてネタを披露したい人のためにネタコーナーも設けているので2回ほどネタクラスの時間もある。

今回で3回目（最初を0期としたので二期生となる）のワークショップ。空気感は過去2回とさほど変わらないだろうと思っていたが、空白の3年半の間に大喜利界が大きく変動していることに驚いた。

まず、女性の参加者が過去2回ともひとりだったのが今回はなんと5人に増えた。しかも芸人はひとりであとは一般女性。主婦もいる。女性が大喜利をすること自体珍しいことではない。バラエティ番組で企画されたり女性アイドルのみでおこなわれる大喜利トーナメントの作家の仕事を私は手伝ったりもしている。ただバラエティもアイドルも共通しているのは受け身であって、自ら進んで大喜利をやっているワケではない。ただこの5人は自らの意志で参加してくれた。

スベることを喜ぶ人間はいないが、特に一般女性は一般男性よりスベることを嫌がる。ブスやババアとイジられて笑っている女性でも「スベってる」と言われると怒ったりへコんだりするのを何度も見た（それがダメなこととは思わない）。

　大喜利でウケ続けることは至難の業。つまりスベっている時間のほうが長いお笑いジャンルに女性が進んで参加してくれたことに時代の変化を感じた。

　あと宿題で大喜利のお題を考えてきてもらい、その中でいいお題を実際にワークショップで答えていくのだが、女性5人の考えてきたお題がおもしろいし答えがポンポン出てくるいいお題が多いのが不思議だ。

　女性陣のほとんどが最初「ヒリヒリした対決形式の大喜利よりみんなでワイワイやる楽しい大喜利がしたい」と言っていたが、全5回のワークショップの後半では「ヒリヒリした大喜利勝負がしたい」と意見が変わった。実際スイッチが切り替わってからの成長率は女性陣のほうが高いのが驚きだった。

　だからといって男性陣がおもしろくないワケではない。男性陣のレベルも高い。

　男性陣はフリーや養成所や事務所所属など様々な形の芸人さんが多い中で一般男性も参加してくれているが、彼らも大喜利初心者ではなく大喜利ライブに出演しているいわばノンプロ的な人だ。彼らは私たち芸人が目指す「なんでもいいからおもしろくなりたい」という中の一ジャンルとして大喜利をやっているのではなく「フリップ大喜利でおもしろくなりたい、ウケたい」というところが私たち芸人とは違う感覚で、格闘技界にたとえるならMMA最強を目指すというよりキックや柔術で優勝したいみたいな印象を受ける。あと一般人が主催する大喜利ライブが多数存在するらしく、これはひと昔前のプロレスインディー団体乱立の頃を思い出させる。素人主催だと侮ってはいけない。プロレス界の流れなら数年後これらのインディーズライブから何人か新星が現れるということ。大喜利界の飯伏幸太選手がいるかもしれない。

　そして話を聞いていちばん驚いたのは『大喜利カフェ』というのが存在すること。漫画喫茶が漫画を読める喫茶店のように、大喜利カフェは大喜利ができるカフェで参加費を払って大喜利をすることができるし参加者の大喜利をお茶を飲みながら楽しむこともできるらしい。一度行ってみたいが大喜利をやることになったら間違いなく負けるので行かない。でもフリップ大喜利が一般社会に根づきつつあるのは楽しい。

　11月17日にはファニーA主催の大喜利ライブを開催予定。ジム内対抗ではなく外部の大喜利ライブで活躍している猛者を招待しての8名トーナメントを考えている。

「世界最笑はファニーAが決める！」

　と謳えるようになるのはまだ先の話で、どちらかというと「私、大喜利の味方です」な姿勢で対抗戦というより交流戦といった感じになるだろう。

　さらに11月はファニーA第3期を開催予定。いままで通りプロアマ、年齢性別、所属事務所など一切不問。

　第3期も質問されない限りあまりアドバイスをしない方針で行こうと思う。なぜそんなスタンスなのかというと、皆こんな私にでもたくさん質問してくれて、それに答えて、受講生がそれを実践して成功したときに自分のことのように嬉しい。というのは建前で、本当は俺流の落合博満さんが質問してこない限りアドバイスしないというスタンスだと聞いてそれをマネしているだけだ。

KAMINOGE DRINK LIKE A FISH

世界のＴＫ 髙阪剛

裸の銃を持つ漢 堀江圭功

師匠ＴＫ譲りのバケモノ好きでゲテモノ食い。
かいて、かいて、恥かいて、
裸になったら見えてきた。
堀江圭功、ＲＩＺＩＮライト級の
トップ戦線に急浮上!!

収録日：2023 年 10 月 8 日
撮影：橋詰大地
写真：©RIZIN FF
聞き手：堀江ガンツ

「どんなことがあっても降ろした根っこは腐らない。
ジムに来たばかりの頃に
自分が受けた印象は間違っていなかった」
「変に人目を気にするんじゃなく
もっと野性になっていきたい。ただ法律とかが
あるんでそこはちゃんと守りつつ（笑）」

FIGHT TEAM
LLIANCE

「自分はずっと無差別級でやってきたので、減量や階級変更ついて相談されるのがいちばん困る（笑）」（髙阪）

――この取材のあと、格闘技道場アライアンスのＢＢＱ大会がおこなわれるわけですけど、堀江選手はもうお酒を飲んじゃいますか？

堀江　飲みます！　ただ、いまは二日酔いなんですけど（笑）。

――まだきのうの酒が残ってますか（笑）。

髙阪　これから迎え酒。自ら迎えに行くタイプだから（笑）。

――すっかり酔いどれキャラが固まってきましたね。キャラ変したというよりも本当のキャラがダダ漏れになってきたのかもしれないですけど（笑）。

堀江　ようやく落ち着くところに落ち着いてきたかなって（笑）。

――先日の『ＲＩＺＩＮ.44』（９・24さいたまスーパーアリーナ、vsスパイク・カーライル）では、ちょうどキャラ立ちしたところで大きな勝利をつかみましたが、振り返ってみていかがですか？

堀江　とにかく勝ててめっちゃうれしかったですね。

――ライト級転向第１戦で、相手は元ＵＦＣ＆ベラトールの強豪ですからね。階級を上げることは以前から考えていたんですか？

堀江　これまでも減量中とかにちょこちょこと頭に思い浮かぶことはあったんですけど、（ウガール・）ケラモフ戦後に「もうライトでやろう」ということをパッと決めましたね。

――ケラモフ戦前から減量がキツいのが続いていたわけですか。

堀江　落とすことはできるんですけど、試合当日に身体が回復していない感じがあったんで、それなら自分の力をしっかり出すためにもライト級でやろうって思いましたね。

――ケラモフ戦では自分の力を出しきれなかった悔いもあったんですか？

堀江　コンディションの面ではちょっとありましたね。

――髙阪さんにも階級変更の相談はあったんですか？

髙阪　自分には相談も何も、なんだったら無差別でずっとやってきてたんで（笑）。

――減量や階級変更の相談をされても困る（笑）。

髙阪　そうなんです。減量について聞かれるのがいちばん困る。こっちは「どうやって増やそうか？」ってずっと考えてたんで（笑）。でも主功の試合のやり方は、自分が持っている動きでちゃんと打撃を当てるとか、ちゃんと効かせるっていうことが大事なので、減量して動きがそこについていかないことがあるなら、自分がいちばんいい状態で試合ができる階級でやるのがベストなんじゃないかとは思いますね。これはほかの選手もそうですけど。

——階級を落としたはいいけれど、パワーやスタミナ、パフォーマンス面も落としてしまう例も多いですからね。

髙阪　落としてもしっかり自分の力を出せる人ももちろんいるんですけど、それって個人差があるので。あとは総合の階級ってどうしても幅があるじゃないですか。

——ボクシングなんかと違って、軽い階級でも5キロくらい違いますよね。

髙阪　だから、そこにマッチする人は階級を落とすのもいいと思うんですよ。だけど本人にとってマッチしないのであれば、ひとつ上の階級に上げるというのも選択肢のひとつとして考えてもいいんじゃないかなとは常々思っていたんですけどね。

——実際にライト級でやってみて、これまでとは全然違いました か?

堀江　いつもの練習通りに近い形というか、普段通りにやれたなっていう感じはありました。

——堀江選手はもともとスピードには定評がありましたけど、ライト級になってその持ち味がさらに活きましたよね。

堀江　自分ではあまりわからなかったんですけど、まわりの人たちからそういうふうに言われたりしますね。

——カーライルが、一発でも当たったらヤバいっていうくらいの打撃をぶんぶん振り回してきたじゃないですか。あれをほぼほぼ被弾しませんでしたよね。

堀江　そうですね。なんか身体が勝手に動いてくれた感じはありましたね。

「練習風景なんかもたくさん撮影してもらったんですけど、煽りVはプライベートの部分ばっかりで……」（堀江）

——MMAっておもしろいもので、こういう大きな1勝を得ると、またいろんな道が拓けてくるというか、可能性が広がりますよね。

髙阪　しかも相手がカーライルだから。

——RIZINに公式ランキングはないですけど、もしあればライト級トップ3に入っているであろう選手ですからね。

髙阪　UFCやベラトールも経験して、その中でやってきた実績を持っている選手なので。そういう選手と試合をするというのは、勝つこともももちろん大事なんですけど、そういう相手と試合をしたことによって「あっ、このレベルはこういう感じなんだ」っていうことを身体が吸収してくれることが自分は凄く大事だと思っているんですよ。総合ってやってきたことが身体に蓄積されて、それを試合で表現できるように

FIGHT TEAM

なるんで。だから今回も収穫が凄くあって、勝つだけよりも気づきがたくさんあったと思うので、それがありがたかったですね。

——堀江選手自身、経験値が上がった感じがありましたか？

堀江　ありましたね。やってみて初めてわかることがたくさんあったので。ライト級の外国人相手だとパンチを打っても効かなかったりすることがたくさんあったりとか、コーナーに押し込まれたときの引っ張る力がめちゃくちゃ強かったりとか。あと、日本人があまりやらないような体重移動をいきなりやったり、そういう巧さも感じられたので、経験値がかなり上がったと思います。

——また、煽りVや『RIZIN CONFESSIONS』などによって、うまい具合にキャラ立ちしたところで結果が出るという。「時給2万円の裸のアルバイト」発覚を含めた、これまでのいろんなことは無駄じゃなかったなと（笑）。

堀江　さらけ出したほうが格闘技につながると思って（笑）。

髙阪　伏線回収で（笑）。

——逆にこれで結果が出ないと大変なことになっていましたね（笑）。

髙阪　ただただダメな人間になるところだった（笑）。

——RIZIN参戦当初は「THE RISING STAR」だったニックネームも、途中から「THE RISING FUTURE BOY」というビデオタイトルに絡めた名前に変わって（笑）。

堀江　前回はそうだったんですけど、「これはさすがにどうなんですかね？」って佐藤大輔さんに伝えたら変わってました。

——「裸の銃を持つ漢」ですよね。

髙阪　圭功は（映画の）『裸の銃を持つ男』を知らなかったんですよ。

堀江　自分は知らなかったんですけど、実際にあるってことをあとから聞いて。

髙阪　俺、あの映画がめっちゃ大好きなんですよ（笑）。学生のときに先輩たちと一緒に観ていて、たしかあれは三作くらいありましたよね。それで二作目まではちゃんと映画館に観に行ってました。めちゃめちゃ好きで。だから大輔さんは自分と世代が近いからピンと来たんでしょうね。「あっ、これだ」と。

——堀江圭功と言えば裸だし（笑）。また直接的表現ではなく暗喩になっているというか。銃（ガン）シューティングって「狙撃」と「射精」両方の意味があって、あきらかに狙っていますよね（笑）。

髙阪　絶対そうですよ（笑）。

——堀江選手自身はああいう煽りVはオッケーなんですか？

堀江　もう自分がしている行動なんで大丈夫です。自分でも配信してるんで（笑）。

――元ネタが自分発信だから問題なしと（笑）。

堀江　ただ思ったのは、格闘技の練習風景なんかもたくさん撮影してもらったんですけど、実際に使われているのはプライベートというか、格闘技以外の部分ばっかり使われているんで「これでいいのかな？」って（笑）。

「学生のときに二丁目に通い詰めていたことが、いま圭功につながって。自分が伏線を張ってたんですね（笑）」（髙阪）

――酔っ払いながらインスタライブしている映像とかがふんだんに使われていましたよね。ただし佐藤大輔に甘い顔を見せると際限がなくなる可能性もありますし、梅野源治選手みたいに引き返せないYAVAYところまで行く可能性もある（笑）。

髙阪　たしかにね。まあ、そうなったらどっかのタイミングで自分がプレッシャーをかけますよ（笑）。

――「おい、行き過ぎてるぞ」みたいな（笑）。堀江選手はご自身の煽りVについてどう感じていますか？

堀江　めちゃめちゃいい感じで編集して出してくれているなっていう感じは凄くあります。いつも試合が終わったあと

評判がよくて（笑）。もともとRIZINの煽りVを観ていて、「かっけーな！」って思っていたんで。

——佐藤大輔本人も堀江選手の煽りVはノって作ってるなって感じがしますよ。まあ、悪ノリとも言いますけど（笑）。

堀江　大輔さんもけっこう楽しそうに撮影してくれるんで。仕事とかそういうのじゃなく自分も楽しくて（笑）。

——「じゃあ、ちょっと脱いでみようか？」って、アラーキーや篠山紀信的なディレクションも入って（笑）。

髙阪　いや、脱ぐだけならいいけど、自分はDREAMのときに甲冑を着させられましたからね（笑）。自分が戦国武将の末裔だからっていうことで。

——DREAMのオープニングVで、なぜか甲冑を着てドラムを叩いているという。師弟でいじられてるんですね（笑）。

髙阪　まあ、ドラムは実際に自分がやっていたことだからオッケーなんですよ。やっていないことをやらされたら「それはちょっとどうなの？」ってなりますけど。

——堀江選手の場合も、自分でやってきたことというか、しでかしたことですもんね（笑）。

堀江　『RIZIN CONFESSIONS』とかそういうのに関しては、ありのままの自分を出せている感じはするので、全然オッケーですね。

——猪木さんの言う、「かいて、かいて、恥かいて、裸になったら見えてきた、本当の自分の姿」っという詩を実践していますね。

髙阪　猪木問答の「おめえはそれでいいや」っていう感じもあるし（笑）。

——「馬鹿になれ」でもある（笑）。でも、さらけだしたらもう強いですよね。

堀江　はい。そんな感じがします。格闘技にもつながる感じがあるので。

——よく考えたら、堀江選手は2万円で出演したビデオが流出しましたけど、髙阪さんも学生時代に新宿二丁目でバイトしていたんですよね？

髙阪　いやいや、バイトはしていないですよ。二丁目に通い詰めていたんです（笑）。

——お客だった（笑）。

髙阪　柔道部の先輩と後輩がバイトしていたんで、自分もよく飲みに行ってたんですよ。その話が、いま圭功につながっているという。言ったら自分が伏線を張ってたんですね（笑）。

——それを弟子が伏線回収してくれていると（笑）。

堀江　ふ、伏線？

——伏線がどうかしましたか？

髙阪　あっ、圭功は「伏線」とかそういう言葉の意味をちょっとわかってないんで（笑）。

堀江　すみません。そういうことが多々あると思うので、よろしくお願いします（笑）。

――堀江選手はビデオ出演過去が妙な形でブレイクにつながりましたけど、髙阪さんの場合、二丁目に通い詰めていたことがプロ格闘家になるきっかけでもあったんですよね？

堀江　えっ、そうなんですか!?

髙阪　俺がリングスに入るとき、二丁目のママ……ママというおじさんなんだけど（笑）。そのママに前田（日明）さんを紹介してもらったんだよ。

――プロ格闘家になるきっかけが、新宿二丁目のママの紹介っていうのが凄いですよね（笑）。

髙阪　前田さんも昔、その店によく行っていたらしくて顔見知りってことで。それで入門テストを受けて入ったら、最初は先輩とかみんなが妙によそよそしいんですよ。そうしたらあとでわかったんですけど、前田さんがみんなに「おい、今度入った髙阪には気をつけたほうがええぞ。どうもコッチらしいぞ」って言っていたみたいで（笑）。

「ちょこちょこ男性からお誘いのDMとかも来たりするんですよ。本当に自分は女性しか無理ですから」（堀江）

――「バックだけは取られるなよ」と（笑）。

堀江　マジっスか？（笑）。

――そんな疑惑から格闘家人生がスタートしていると（笑）。

髙阪　前田さんがそういう噂を広めていたっていうのをデビューしたくらいに初めて聞いたんですよ。だから1年間はずっとそんな扱いというか、蔑みを受けていましたね。思い返してみると、グラウンドになったときとかやたら逃げるのが速かったなって（笑）。

――「髙阪にだけは絶対に抑え込まれちゃいけない」と思っていたんでしょうね。

堀江　まさに自分がいまその時期で、ちょこちょこ男性からお誘いのDMとかも来たりするんですよ。自分は女性しか無理ですし、配信とかでもそれは言ってるんですけど、まだそういうのがあるんですよ。

――「まただ、そんなこと言って。本当は好きなんでしょ？」みたいな（笑）。

堀江　否定すればするほど信じてもらえなかったりするんですよ。だから自分もいま髙阪さんの新人時代と同じ時期かもしれないですね（笑）。

髙阪　ちなみに自分はシアトルにいたときにもそれがありましたから。ジムで筋トレをやっていたら、ムキムキのヤツに「助けてやるよ」って言われて「サンキュー！」って言ってやってもらってたら、そのセットが終わった瞬間に「俺のパートナーにならないか?」って。「何を言ってるんだ?」と(笑)。

――どういう意味のパートナーだと(笑)。

髙阪 「ノー!」って大声でハッキリ言って(笑)。

――向こうは男性同士でもオープンに付き合っていますしね。

髙阪 で、これはなんの取材なんですか? ライト級転向の話ですよね?(笑)。

――いや、堀江選手の人となりを探っていたら、そっち方面に話が集中してしまいました(笑)。あらためてうかがいますけど、髙阪さんは堀江選手がアライアンスに入ってきたときの印象はどうだったんですか?

髙阪 なんせ不器用なんだけど一生懸命。自分が思う格闘家の条件は、じつはそれなんですよ。「不器用でもなんでもいいから一生懸命にやれるヤツ、迷わないヤツが絶対に強くなる」っていうのが、自分の経験から見えてきたことだったんで。練習を重ねていけば絶対に強くなるだろうなって。その前の世代であれば(菊野)克紀がそのタイプだったんです。

――なるほど。前例があったわけですね。

髙阪 だから「あっ、コイツは絶対に強くなるな」って、そういう匂いがしていたんで、逆にロジカル過ぎず丁寧に「ここをこうしたらこうなるよ。その間を埋めるのはおまえ自身だよ」っていう教え方をしていましたね。

――堀江選手は上京してきて、アライアンスを選んだのはどういう理由からだったんですか?

堀江 ボクは地元(長崎県)で柔術をやっていたんですけど、東京にはジムがいっぱいあるじゃないですか。どこに入ればいいかと思っていたとき、地元で柔術を一緒にやっていた人がアライアンスを勧めてくれたことが頭に残っていたんですよ。それで上京したとき、最初はいろいろ調べてほかのジムにも行ってたんですけど。

――最初はアライアンスじゃなかったんですね。勧めてもらっていたのに、それはなぜ?

堀江 アライアンスのホームページを見たときに自分の見間違いかもしれないですけど、「週2回制」みたいなのありませんでしたか?

髙阪 あっ、それは昔あった。

堀江 それを見て「練習は毎日できないのかな?」って思ったんですね。それでしばらくしたらホームページが更新されていて、練習が毎日できるようなスケジュールになっていたんで、「よし!」と思って見学に行って。最初に行ったジムは正直ピンと来ていなかったので、それでアライアンスに見学に来たとき、「ここだ!」と思って入ったんです。

髙阪 まあ、要するに勘違いですね(笑)。週2回と毎日練習できるのと2種類あるよってことだったんだけど。

——フルタイムだけじゃなくてライトなやつと料金プランがふたつあるという。

堀江　自分の見間違いでした（笑）。

高阪　格闘技道場で週2回しか営業していないなんて、どれだけ余裕があるんだっていう。こっちはもう必死ですよ（笑）。

「セコンドは、本人がいちばん入りやすい言葉を投げかけてくれる人を選ぶべきだと思います」（高阪）

——どっちかと言うと、アライアンスはプロが毎日のように集まってゴリゴリやっているところですもんね（笑）。そして堀江選手は最初からUFC志向だったんですよね？

堀江　はい。始めたときからそこを目指していました。

——最初からそういう思いでやってきて、2019年に一度、24歳でUFCに行けたのは経験として大きかったんじゃないですか？

堀江　そうですね。だからUFCに出たときはうれしい気持ちもあったんですけど、いま振り返るとUFCで闘うにはまだ経験が浅かったなと思うところもありますね。

——しかも試合3週間前のオファーで、準備期間も短かったですもんね。

堀江　急きょでしたね。でも、けっこうその前からトレーニングは積んでいたので、そこはあまり関係してないのかなとは思うんですけど、自分の経験不足でした。

——あのとき、高阪さんはセコンドではなくWOWOWのスタジオで解説でしたよね。

高阪　そうなんです。日本にいました（笑）。

堀江　自分は高阪さんにセコンドをお願いするのが恐縮すぎて。このあいだのカーライル戦では、プロになって初めてお願いしたんですけど、これからもお願いしたいです（笑）。

——プロ17戦目にして初めてセコンドをお願いしたんですか（笑）。高阪さんってけっこうセコンドやりますよね。

高阪　自分はデビュー戦だろうがなんだろうが、「セコンドお願いします」って言われたら受けますよ。ただ、逆に言うとセコンドって凄く大事なので、なんでもかんでも自分に頼むんじゃなく、本人が練習を積んでいくなかでいちばん入りやすい言葉を投げかけてくれる人をセコンドとして選ぶべきだと思っているんですよ。

——カーライル戦のときはコーナーに詰められての攻防がたくさんあったじゃないですか。あのとき、セコンドの高阪さんの声が聞こえたのはかなり心強かったですか？

堀江　かなり心強かったですね。自分も高阪さんのほうを向いてしっかり聞いていたんで、めちゃくちゃ心強かったです。ただ、正直試合の前のプレッシャーがヤバくて「明日は高阪さんが来てくれる！」って前日とかから思っていました（笑）。

――カーライル戦ということより、髙阪さんがセコンドにつくことにプレッシャーがありましたか（笑）。話は少し戻りますけど、MMAって1試合で人生が変わってしまう世界ですから、2019年にUFCに急きょ出場して、1試合でリリースになったことは精神的にかなり厳しかったんじゃないですか？

堀江　かなりショックでしたね。負けた自分が悪いっていうのはあるんですけど。

――そこから立ち直るまでにちょっと時間がかかりましたか？

堀江　自分のなかでけっこう長く病んでいたと思います（笑）。

――だからRIZINに出るのも悩んだんじゃないですか？RIZINやONE Championshipみたいな大きな団体と契約すると、数年間はUFC復帰のチャンスはなくなるということで。

堀江　悩みましたね。だからUFCをリリースされた直後はパンクラスに出ていて、コロナが流行らなかったら2020年に中国で「デイナ・ホワイト・コンテンダーシリーズ」がある予定だったんですよ。自分がパンクラスで内村（洋次郎）選手に勝てばそこに出られるという感じのことを言われていたんで、「コンテンダーシリーズ」で勝ってUFC復帰することを目指していたんですけど、コロナでそれがなくなったので、RIZINに出たっていう感じでしたね。

「とにかく強い相手に勝っていきたいですね。日本人よりも外国人選手に立ち向かって行きたいなって」（堀江）

――UFC復帰をあきらめたわけではないんですよね？

堀江　全然あきらめていないです。RIZINからUFCに行った選手は実際にいるので。それに最近はRIZINのライト級やフェザー級のレベルがかなり上がってきているので、UFCの人たちもチェックしていると思うんですよ。そういう意味ではRIZINで勝つことがアピールになると思うので、やっぱり自分のなかには常にUFCがありますね。

――そしてRIZIN参戦後は順調に3連勝を挙げたわけですけど、2021年11月に中田大貴選手に勝ったあと、ケージの中で「UFCに行こう」と言った発言に対して榊原（信行）さんがカタくなったとき、「RIZINでの堀江プッシュはなくなったな」と正直思ったんですけど、よくここまできましたね（笑）。

堀江　榊原さんには食事会とかで自分の思いは伝えていたんですよ。だから「言ってもいいのかな？」っていうのが自分のなかでちょっとあって（笑）。

FIGHT TEAM
ALLIANCE

――半分オッケーもらったつもりになっていたんですね（笑）。

堀江　流れ的にも、中田選手も過去に試合で勝ったときに「ＵＦＣに行きたい」っていうアピールをしていたんですよ。それを自分は知ってたんで「ＵＦＣに行こうよ！」って言っちゃったんですけど。

――しかも、べつにマイクアピールじゃなく中田選手に個人的に言っただけだったのが、集音マイクに拾われちゃったという（笑）。髙阪さんも試合以外の部分でけっこうヒヤヒヤすることがあったりするんじゃないですか？

髙阪　だから自分なりにフォローしていますね。見えないところで（笑）。

――そういうバックアップもしていると（笑）。その後はケガがあって試合から離れた時期もありましたけど、今回カーライルから大きな勝利を挙げたことでＲＩＺＩＮライト級の台風の目になったので、結果オーライですよね。

髙阪　つくづく思うのは、圭功の場合はなんだかんだで（気持ちが）打たれ強いじゃないですか。やっぱり打たれ強いっていうのは強いですよ。ＵＦＣに出て一発リリースとか、コロナで自分が思っていたプランがふりだしに戻ったりとか、ケガがあったりとか、そこで折れるヤツっていっぱいいると思うんですよ。

――そういうことがあるとメンタルが落ちてしまいますよね。

髙阪　圭功はそういうことがあっても降ろした根っこは腐らないというのは、ジムに来たばかりの頃の自分の印象は間違っていなかったのかなって、ちょっと思ったりもしますね。ただ、これから先はまだまだ長いので。大事なのはここからだなっていうのはあります。それこそ１試合１試合が勝負になるんで。

――カーライルに勝ったことで、これからはワンランク上の対戦相手しか来ないですよね。

髙阪　逆に言うと、楽な試合ってないんですよ。まあでも、本人はもともと楽な試合は望んでいないと思うんで。

堀江　自分はとにかく強い相手に勝っていきたいですね。

髙阪　俺もそうだったなって思ったりもしましたけどね。たとえばＲＩＺＩＮでミルコ（・クロコップ）とやったときも「俺、勝っちゃうけどいいの？」ってそのときは思うし、そう思ってるから試合を受けるんですけど。結果的にやられはしても、そうやって掴みに行かないと星はめぐって来ないと思っているんで。

――堀江選手は今回カーライルに勝ったことで、当然大晦日もすでに視野に入っていますよね？

堀江　はい。まだ具体的な話とかはないんですけど、そこに出る準備をしておこうと思っています。

――どんな試合を望んでいますか？

堀江　やっぱりカーライルに勝ったので、また挑戦するような形で強い外国人と闘いたいっていう気持ちがありますね。日本人よりも外国人選手に立ち向かって行きたいなっていうふうに思っています。そういう選手に勝っていけば、いざUFCに復帰できたときにも最初からけっこう上の選手と闘わせてもらえたりとか、前に進める感じがあるので。

――なるほど。師弟揃ってバケモノと闘いたい願望が強いんですね（笑）。

髙阪　バケモノ好きでゲテモノ食い（笑）。そうじゃなきゃヒカルドン（ヒカルド・モラエス）なんかと試合しないですよ。

――身長2メートル超えの柔術家なんて、当時いませんでしたもんね。

髙阪　そういうヤツとやりたくなっちゃう（笑）。

「圭功は六法全書をちゃんと読んで、何が法に触れるのかっていうのを学ばないと。六法全書って知ってる？」（髙阪）

――髙阪さんは今後、堀江選手にどのようなことを期待していますか？

髙阪　格闘技ってだんだん成熟してくるので、それも含めて厚みが増してくれたらいいなって思うんですよね。試合で経験値が上がるのもちろんだし、そこから自分の身体のなかで何かが起こることってかならずあるはずなので。いままでは「点」だったものが「ここをつなげたら、これが技術として昇華する」とか、そういったことも今後は見つかってくるはずなんですよ。それは言葉として出てこなくてもよくて、本人の身体のなかにあれば試合のときにかならず役に立つので。そういうことも、これからどんどん起きていけばいいなって思います。

――堀江選手は当面、RIZINライト級のベルトも目指していくわけですか？

堀江　そうですね。UFCに一直線っていうのがいいんですけど、ベルトがUFCに行くために通るべき道なら獲っていきたいですね。

――いまRIZINライト級のメンバーは充実してきていますけど、もしベラトールの選手が本格的に参戦してきたら、ライト級はますますバケモノだらけのヤバい階級になりますよね。

堀江　その可能性はあるといまも思っています。

――ライト級って全階級の中でもいちばんヤバいじゃないですか。

髙阪　ライト級は世界的にえらいことになってるから（笑）。

――今度タイトルマッチがありますけど、UFC世界ライト級王者のイスラム・マカチェフとかはどんな印象がありますか？

堀江　めちゃくちゃ強いイメージはもちろんあるんですけど、「どのくらい強いんだろう？」っていう興味がありますね。いつか闘ってみたいなって。

――夢が広がりますね。

髙阪　圭功はライト級という日本人選手が敬遠しがちだった階級に飛び込んで行って、一発目でああいう結果を残したことで今後いろんな可能性が広がっていくだろうし、これからひとつひとつの試合の中身が濃くなっていくだろうなと思いますね。この階級でUFCを目指すっていうことは、要はいつかマカチェフや（シャールズ・）オリヴェイラと試合するかもしれないってことですよ。知っている人が見れば、アイツらがいかにバケモノかっていうのはわかるはずなんで。

――とてつもない山の頂上を目指しているわけですよね。そのためにも今度の大晦日が大事になると思いますけど、その前に今日の道場BBQではしっかりと飲んでおきますかね？（笑）。

堀江　飲みます！　迎え酒します（笑）。

――そういえば、堀江選手が試合が近くなってもまだお酒を飲んでいたことに対して、カーライルが怒ってましたよね。

堀江　怒ってましたね（笑）。試合が決まるときぐらいから自分のインスタをフォローしてきたんですよ。これは自分の日々の行動をチェックされているなと思ったんですけど、だったらなおさらいつも通りにやらなきゃダメだと思ったし、自分が自分じゃなくなったら負けると思ったんで、いつも通りの自分を試合前からさらけ出してましたね。

――いつも通り、試合が近くなってもお酒を飲んでる自分を（笑）。

堀江　もちろん相手をナメてるつもりはまったくなくて、ボクはトレーニング風景をあまりSNSに載せないだけなんですけど。結果的にボクがお酒を飲んでるところばっかりカーライルは見ることになったので、カーライルが怒る気持ちもわかるんですけど、こっちも本気で自分をぶつける気持ちで闘いましたね。

髙阪　正直、自分も練習しているところはあんまり見せたくないんですよ。キツイことをやって、鼻水垂らしながら練習してるのは当たり前のことであって日常だし、わざわざ人に見せるもんじゃないという気持ちが自分にはあったんで。もちろん取材とかではやりますけど、ことさらにアピールしたくはないんですね。

堀江　自分は変に人目を気にするんじゃなく、野性になっていきたい気持ちがありますね。ただ、野性になりすぎると法律とかがあるんで、そこはちゃんと守って（笑）。

髙阪　当たり前だよ！　法に触れちゃいけない（笑）。そこは六法全書をちゃんと読んで、何が法に触れるのかっていうのを学ばないと。

――試合のルールブック以前に法律を学ばないといけない（笑）。

髙阪　でも圭功は漢字が読めないので理解できないかもしれないな～（笑）。六法全書って知ってる？

堀江　わからないですね（笑）。

――では髙阪さん、そのあたりから指導していってください（笑）。

堀江　ひとつひとつ学んでいきます！

髙阪剛（こうさか・つよし）
1970年3月6日生まれ、滋賀県草津市出身。総合格闘家。ALLIANCE主宰。
中学生から柔道を始め、専修大学、東レの柔道部所属を経てリングスに入団。1994年8月20日、鶴巻伸洋戦でデビュー。1995年10月13日『ザ・トーナメント・オブ・J'95』優勝を経て、1996年1月24日にはモーリス・スミスに一本勝ち。1998年から拠点をアメリカ・ワシントン州シアトルに移し、同年3月13日『UFC16』でキモに判定勝ち。同年10月16日『UFC Brazil』でピート・ウィリアムスに判定勝ち。その後もリングスでエメリヤーエンコ・ヒョードルやランディ・クートゥアと激闘を繰り広げ、リングス活動停止後はUFC、アブダビコンバット、DEEP、新日本プロレス、パンクラス、PRIDEなどで活躍。2006年5月5日『PRIDE 無差別級グランプリ 2006 開幕戦』でのマーク・ハント戦でTKO負けを喫して一度現役を退くが、2015年12月29日『RIZIN FIGHTING WORLD GRAND-PRIX 2015』で復帰を果たし、ジェームス・トンプソンにTKO勝利。2022年4月17日『RIZIN.35』で上田幹雄からTKO勝ちをおさめ現役を引退。

堀江圭功（ほりえ・よしのり）
1995年5月10日生まれ、長崎県佐世保市出身。総合格闘家。ALLIANCE所属。
幼少期に剛柔流空手を始め、高校時代は極真空手やブラジリアン柔術を学ぶ。高校卒業後、総合格闘家になるために上京してALLIANCEに入門。2016年10月2日、『PANCRASE 281』における椋原嵩戦でプロデビュー（3-0の判定勝ち）。2017年8月20日、ネオブラッド・トーナメント（フェザー級）優勝。2019年7月27日、大会約3週間前の緊急オファーを受けてUFC初参戦。『UFC 240』でハキーム・ダオドゥと対戦して3Rに左ハイキックでTKO負けを喫する。2021年3月21日、RIZIN初参戦。『RIZIN.27』で関鉄矢TKO勝ち。2021年9月19日の『RIZIN.30』では佐々木憂流迦に3-0の判定勝ちを収める。その後、怪我をした右手の治療のため約1年半の長期離脱を経て、2023年4月1日、『RIZIN.41』でヴガール・ケラモフに一本負け。2023年9月24日の『RIZIN.44』からライト級に転向してスパイク・カーライルと対戦。元UFC＆ベラトールの強豪から3-0の判定勝ちを収めて、一躍ライト級のトップ戦線に躍り出た。

FIGHT TEAM
ALLIANCE

FIGHT TEAM
ALLIANCE

鈴木みのるのふたり言

第123回

世界が騒然！新幹線プロレス

構成・堀江ガンツ

――この号が出る頃には遥か昔の話になっているかもしれないですけど、まずは9・18「新幹線プロレス」（鈴木みのるvs高木三四郎）の話から聞かせてください。ボクもPPVを買わせてもらいましたけど、凄い反響だったみたいですね。

鈴木　まず取材申請が30何社あって、9割が普段はプロレスを扱ってない一般メディアだって言ってたね。あと経済関係とか。

――テレビでもTBSのニュースで観ましたよ。

鈴木　たぶん民放全局のニューストピックスみたいなので流れたんじゃないかって言ってたよ。当日の夕方、夜、それと次の日の朝。プロレスを報じたっていうよりも、要はJR東海が新しく始めた新幹線車両貸出のいいキャンペーンになったっていうことなんじゃないかな。

――海外のニュースでも取り上げられていましたよね。

鈴木　アメリカのABC、イギリスのBBC、それとオーストラリアの地上波ニュース番組も制覇しました（笑）。

――凄い（笑）。

鈴木　新幹線の車内という狭い空間に、プロレスという非日常をねじ込んだことにインパクトがあったんだろうなと思ってる。

――新幹線の車内コンサートぐらいだったらありそうですけど、あの狭い中でお客のすぐ横で闘うわけですからね。

鈴木　本来、想定していないことだから、制約も凄く多かったんだよ。

――本来は暴れちゃいけない場所ですから、器物破損はもってのほかだし。

鈴木　そのいろんな制約があるなかで、逆に「じゃあ、どうやってやるんだ？」っていう興味もひいたんじゃないかな。

――猪木vsアリばりの「がんじがらめのルール」のなかでどう闘うのかと（笑）。

鈴木　制約なんか破っちまえばいいって思うヤツもいるかもしれないけど、その制約のなかで何が見せられるかっていうのも問われてるわけだから。実際、監視体制もしっかりしてたよ。高木とかほかのお客さんたちは始発の東京駅から乗って、俺は途中の新横浜駅から乗り込むことになってたから、新横浜駅のホームに立ってたんだよ。そうしたら腕章をつけた人が来て「本日お世話になります。JR東海です」って挨拶されてさ。「あっ、どうも、こんにちは。よろしくお願いします」って言ったら通り過ぎて行ったんで、同じ新幹線に乗って行く係の人かなと思ってチラッと見たら、自販機の横に隠れて片目だけ出してこっちを見てるんだよ。「監視されてる〜！」と思って。

――そんな尾行する探偵みたいな動きをされましたか（笑）。

鈴木　俺は試合コスチュームの上にTシャツと短パンを着て、すぐに闘える格好でいたんだけど、事前に「服を脱いで黒パンツとリングシューズ姿で待っててやる」とかさんざん言ってたから、それを阻止しに来てたんだよ。

――公共の新幹線ホームで裸になったら現行犯で取り押さえようと（笑）。

鈴木　ホームでコスチューム姿になるのを禁止する代わりじゃないけど、「新幹線プロレス」をやった隣の車両も専用車両として付属してくれたんだよ。そこに荷物を置いたり控室代わりにして。それはフロイド・メイウェザーが日本に来て、新幹線で富士山を見に行ったときの対処と同じなんだって。「メイウェザー以来です」って言われたよ（笑）。

――監視されているけど、VIP待遇ではあったわけですね（笑）。

鈴木　まあ、ニュースの広がりも大きかったし話題にもなったけど、俺にしてみたら「新幹線プロレス」も新日本やほかの団体での試合も一緒なんで。雰囲気や環境が違うっていうのはあるけど、1試合は1試合なんで。そこは変わらないと思ったし、特別凄いことをやった気もないよ。

――新幹線車内でやったことで、ますます「どこでも試合できるな」っていう感じにはなったんじゃないですか？

鈴木　いや、それもないよ。ある種いままでやってきたことの応用でいけちゃったので、特別な体験という感じでもなかったし。普通です。ただの1試合です。

――やる側としてはそうなんですね。

鈴木　ただ、応用ではあるんだけど「新幹線プロレス」というのはこれまでにないことだったから、0から1を生むのは好き。1は10にも100にも1000にもなれるけど、0を1にするっていうのはもっともっと大きなエネルギーや知恵が必要だから。最初にやるっていうのは未知の部分が凄く多いし、それによっていろんなリスクも背負うしね。だけどそれが楽しいっていう気持ちはあるね。その都度挑戦してる感じはあるから。

――0から1を生んだ人のあとに道ができるわけですもんね。

鈴木　その〝ゼロイチ〟はパンクラスもそうだよ。いまは総合格闘技が1どころか何百万、何千万という世界になり、新たに「MMA」なんていうカッコいい名前になって広まっているけど、俺たちがパンクラスを始めたときは名前すらなかった。だから「新しい名前をつけよう、何にしようかな……?」と一生懸命考えてつけたのが「ハイブリッド・レスリング」。（カール・）ゴッチさんからは「ハイブリッド・レスリングってなんだ？　レスリングはレスリングだ。あえてつけるならパンクラスだ。なんでこんな変な名前をつけたんだ！」って怒られたけど、あれもゼロイチの瞬間だよね。

――なるほど。パンクラスで0から1を生んだ丸30年後に「新幹線プロレス」という0から1を生んでるのが凄いですね（笑）。

鈴木　でも「新幹線プロレス」の場合は、正確に言えばゼロイチじゃなかったのかも。過去に電車とかでのプロレスっていうのはほかの人もやってるからね。新幹線っていう特殊な空間が初めてだっていうだけであって。

――みちのくプロレスなんかがローカル線プロレスとかはやっていますよね。その応用編というか。

鈴木　べつに応用させてもらったわけじゃないんだけどさ。電車の中のプロレスがあったというのを知ってるだけで、どういうことをやったのか観たことないから知らないので。まあ、べつに「初」を競ってるわけでもなんでもないんだけど、俺がこういうことを言うと、バカなファンが「いや、列車の中でやるプロレスはこっちのほうが先で、新幹線プロレスはべつに新しいことじゃない」とかつまらないことを言ってくるからさ。うるせーよって（笑）。

――パンクラスに関しても、「シューティングのほうが先だ」とか「ブラジルではすでに、その何年も前からバーリ・トゥードがおこなわれていた」とか言う人は絶対にいるでしょうね（笑）。

鈴木　どうでもいいよ！　そんなことよりプロレスの可能性が広がっていいじゃないですか。いまの俺は来た仕事に対して1個ずつ真剣に向き合ってやっているだけであって。それが新幹線であっても、相手がアイドル女子レスラーであっても、メジャー団体のテレビ中継の試合であっても、インディー団体やローカル団体のお祭りの大会であっても、海外のメジャー団体であっても、俺にしてみたらすべてがそれぞれ「1試合」なんで。

――プロレスの試合に貴賤はないと。

鈴木　オファーを受けたら、その日に俺が出す点数はいつも100点でなければいけないという気持ちを常に持ちながらやってる。毎回100点じゃなかったら「次もお願いします」とはならないと思ってるんで。俺自身が「今日の試合は30点だったな」と思うような試合をやったら、その日に職を失うと思ってる。その「点数」っていうのは見る人によって違うと思うけど、自分が自信を持って「100点だ」と思う仕事を毎日続けることが大事。だから俺は終わったものは捨てるんだよ。「あの試合が俺のベストバウトだったな」なんて自分で思っていたら、それ以降の試合はずっと満点じゃない低い点数のものを提供することになる。

――常に今日の100点の仕事をやっていくと。

鈴木　ある種、満足したくないんだろうね。最初にパンクラスのベルトを獲ったとき、俺にとってプロレスラーになって初めてのチャンピオンベルトがパンクラスで、あのベルトを獲ったことに対して凄く満足したんだよ。でも満足したことで俺はそこからどんどん落ちていった。そのときに思ったんだよね、人生にとって「満足＝ゴール」

なんじゃないかなって。

――そこが「満足」という名の終着地点で、それより先はないと。

鈴木　だから満ち足りちゃいけないんだよ。ハングリーじゃなきゃその先に進めないし、そこに留まることもできない。だから仮に何かを達成して心が満タンになったら、すぐにまたそれを排出して0に戻して、次のことに取り組んでいかないかぎり、落ちていくだけだっていうことをパンクラスでチャンピオンになったあとに知ったんだよね。というか、落ちて落ちて、もう引退するしかないっていうところまで追い込まれたとき、「いつから俺はこんなふうに落ちていったんだ?」って振り返ったとき、「パンクラスのベルトを巻いて満足したときだ」「ああ、だから俺は落ちていったんだ」って気づくことができた。

――なるほど。ギリギリのタイミングで気づいたんですね。

鈴木　だから俺はそれ以降は満足することはなくなった。いまはまったくないもん。「うわー、今日はすっげーいい試合だった」とリング上で思ったとしても、花道を通って控室に帰るときには心の満足度がもう減り始めてるもんね。家に帰った頃にはカラだから。次の試合に向けて溜めなきゃっていう気持ちになるんで。だからいつまで経ってもガツガツしてるんじゃないの。

――プロレスに対してめちゃくちゃ貪欲ですもんね。試合数もめちゃくちゃ多いし。

鈴木　今度の10・9両国の試合が終わったら、俺は「じゃあ、お先」って言ってメイン終了を待たずに会場をあとにして、その足で羽田空港に行ってアメリカに飛ぶからね。結果的に売れてるヤツ、忙しいヤツ、仕事ができるヤツって、当たり前のようにそれをこなしてるじゃん。俺のまわりで近い存在だと一時期のザック（・セイバーJr.）がそうだったし、昔で言えばNWA世界ヘビー級チャンピオンとかもそうだったでしょ。

――飛行機の移動中に睡眠時間を確保みたいな。

鈴木　そいつらがやってるんだったら俺もやれないことはない。「そうか、飛行機やクルマの中で寝ればいいし、試合の時間に集中すればいいんだ」っていう気持ちにどんどん変わっていって、いまは物理的に可能であれば基本的にはなんでもやっちゃう。俺、寝る場所が飛行機の中やバスの中か、自分の家のベッドかの違いはあっても、寝る時間や起きる時間は変わらないんだよ。ベストコンディションでリングに上がるためのルーティンは崩さない。

――へえ、そうなんですね。

鈴木　食事だってそうだよ。俺、いま基本的に夜は食わないから、たまに「焼肉行きましょう」とか誘われていくと、具合が悪くなる。お腹こわすし（笑）。だからいま必要なものをちゃんと必要なだけ摂ってる。今朝はブロッコリーを茹でて、ゆで卵を4つ茹でて白身だけにして、パン、ヨーグルト、プロテイン、コーヒー。30年前と同じ食事をしてるよ（笑）。

――20代のパンクラス時代と、じつは食生活や基本的なルーティンが変わっていないという（笑）。

鈴木　べつに我慢してるってわけじゃないんだよ。俺のなかにも「好きなものが食べたい」「酒飲みたい」っていう気持ちはあるけど、それより自分の中で優先順位がいちばん高いのがプロレスなんで。俺は優先順位1位という自分のなかの欲に従ってるだけ。そんな鈴木みのる、55歳です（笑）。

BROOKLYN
NEW YORK

BJJ LAB

バカサバイバー

青木真也

戦慄のブラジリアンフック

木村〝フィリップ〟ミノル

誰も触りたがらないところに
青木の姿あり。
格闘技界騒然の
ドーピング陽性問題を斬る。

収録日：2023年10月12日
撮影：タイコウクニヨシ
写真：©RIZIN FF
構成：井上崇宏

「ファンが怒るのはわかるけど、格闘家が
すげえ怒っていることに俺は凄く違和感がある。
ほかにもいるの、みんな知ってるじゃんかよ」
「自分の良い悪いを決める判断の基準が、
小さい頃から観てきた格闘技の世界観とか、
ボクが好きな人たちの考え方だったりするんです」

格闘技界を騒然とさせ、世間を賑わせている木村〝フィリップ〟ミノルのドーピング陽性問題。

木村はなぜドーピングを使用したのか？　RIZINが下した「罰金と半年間の出場停止処分」は適切なのか？

そして今回「木村選手と会って話がしてみたい」と希望した青木真也が受けたというカルチャーショックとは？


「有名なアスリートが使っているサプリや、どういうドーピングを使用して引っかかったことがあるかを調べるのが好きだったんです」（木村）

——もしかして、おふたりは初対面ですか？
青木　どっかの会場で挨拶したことがあるくらいですよね？
木村　そうですね。なので、ほぼお初です。
——今回は青木さんから「木村ミノルと会って話がしたい」というリクエストがあったんですけど、どうして木村選手と話をしてみたくなったんですか？
青木　だっていま、めっちゃ叩かれてますよね。それに木村さんは打ち返せないからカウンターがないじゃないですか。
木村　それは仕方がないことなので……。
青木　いや、あのね、ファンが怒るのはわかる。でも格闘技選手がすげえ怒っていることに俺は凄く違和感があるの。正直、プロ格闘技をやっていたら（ドーピングを使用している選手は）いるじゃん。ほかにもいるのに「これまでそんな人はいなかった」とか「やってるところを見たことがない」「信じられない」って怒っていることに俺はカルチャーショックを受けてる。
——だけど、ひとつ明るみになったところを同じファイターが一斉に叩くという感じに？
青木　「みんな知ってるじゃんかよ」みたいな。大前提として「ドーピングはやってはいけない」ということと「とりあえず叩けるからみんなで叩いていい」って別でしょう。俺はそれにイラッとして、なんか木村さんにカウンターさせてあげたいなと思ってた。たとえば「もし、俺が木村ミノルの立場だったらどうするかな？」とか考えたけど、カムバックさせる術が思いつかなかったんですよ。
木村　いや、青木さんにそんなふうに思っていただいているのが光栄というか、恐れ多い感じです。ありがとうございます。
青木　俺は木村さんに凄く思い入れがあるというわけじゃないんだけど。それで最初、俺にはカムバックさせる術が浮かばなかったんだけど、猪木会長だったらすぐにカムバックさせたじゃん？　猪木会長なら「すぐに試合させろ」って言いかねないじゃん。俺にはまだその腕がないなと思っていて、でもYouTubeで木村さんが話している映像を観て「こ

れは絶対に戻せるわ」と思った。

——第三者として。

青木　第三者として「戻せるわ」って思ったけど、こういう対談をウェブとか動画でやるとバカがいっぱい来て炎上するし、ちゃんと読んで理解してほしいから、これはクローズな紙がいいと思って井上さんに連絡した。あと動画とかだと絶対に失敗する。論点がいろいろあって炎上しやすいから、木村さんが動画で出したものもあんまりよくないなと思いましたね。

木村　そうですね。

青木　あと俺がもうひとつ思ったのは、叩くだけだったらドーピングなんて業界からなくならないですよね。実際になぜやったのか？　もっと言うと、誰だって是が非でも勝ちたいわけじゃないですか。そのためには無理な減量もするし、直前までギリギリ追い込むじゃないですか？　それは一歩超えたいという意識があるからで、そういう競争がある限り、俺はなくならないと思うんですよ。それでも絶対に業界からなくしていこうと考えるんだったら、彼がどういうメンタルでやって、どういう状況でやったのかっていうことを、ちゃんと世に出すことに意味があると思うんですよね。

——木村選手が言っていたのは、K－1離脱後に「体調とモチベーションの釣り合いがうまくいかずに精神的に悩んだことがあって、頼ってしまった」と。でも、その先にあるのは

BJJ

「試合に勝ちたい」ですよね？

木村　そうですね。もうダメなことは前提でしゃべるんですが、勝ちたいっていうのと、その1個前提のところでは好奇心という。身体を極めるなかでの突き詰めるひとつの技術でした。ボクは小さい頃からずっと自分で栄養学などを本とかで調べたりすることが好きで、どのアスリートがどんな食事を摂ったりっていうのをニュースページとかでめっちゃ調べるようになったり、いろんな選手のブログをさかのぼったりとかしていて。

——ちょっとオタク的に掘って。

木村　有名なアスリートはどういうサプリを使ったりしているのか、どういう種類のドーピングを使用して引っかかったことがあるかとか、そこの成分まで調べたりすることがシンプルに好きだったんですね。それは格闘技をやることと同じ1個の研究というか、そういうデータ収集をすることでどんどん知識を得ていって、そのうち自分でもつい……という感じですね。

「20代前半の頃に『これをやれば世界一になれる、コナー・マクレガーになれる』っていうテンションだったら、俺も使用した可能性はある」（青木）

青木　それは自分の強さとか記録への飽くなき欲求ということでしょ？　その欲求が強いってことなんですよ。

木村　ボクは日常的にあまり人と関わることがなくて、ひとりっ子だし、人の意見を聞く習慣というか感覚がなくて、常に自分の考えが正しいみたいな感じなんですよ。K－1を辞めたあとにいろいろあって、自分が最高の環境に行けない分、最高の身体を作れるんじゃないかっていう。

——いま木村選手が言った「好奇心」っていうのは、ひとつキーワードとしてありますよね。それは絶対にあるだろうなと思いました。

木村　はい。「実際にやったらどうなるんだ？」っていう。

青木　好奇心っていうのと、俺が把握しているレベルでの認識で言うと、まわりがやっている状況下で勝つっていうことを考えると、正直「やらないと」ってなると思うんだよね。それはアリスター・オーフレイムと同じなんだよ。

——アリスターも去年、また禁止薬物の陽性反応が出て処分されましたね。

青木　オランダなんかはみんなやっているわけ。そこで勝つには自分もやるしかないだろうっていうメンタルでやっていて、外国人ってそうなんですよね。まわりがやっていて自分だけはやっていない、やっていない自分は正義かもしれないけど、ナチュラルなままだと負けていく。

——すると飯が食えない。

青木　そう。ボディビルだってそうじゃないですか？　だから俺は「そんな状況に置かれたとき、みんなやらずにいられる？」って思った。だから木村さんを叩く気にならなかったっスね。

――じゃあ、どうして青木さんは使用しないんですか？

青木　俺はぶっちゃけ歳だからですよ。マジでそれが理由です。あのね、どうして俺が木村さんを叩かないかという理由のひとつに「俺は絶対にやらない」とは言い切れないから。だからじつは他人事ではなく自分事。もしかしたら俺が20代前半の若さで「これをやれば世界一になれる、コナー・マクレガーになれる」っていうテンションだったら、使用した可能性は正直あるよ。それが若さだと思います。

――でも若いときもやらなかったのは？

青木　それは時代です。俺が若い頃はドーピングチェックがなかった時代で、そこまで競技として成熟していなかったから、ユーザーがいっぱいいたって言っても技術でまだ勝ちようがあったんですよ。それと俺は長く格闘技がやりたかったっていうのもあるし、たまたま時代がやる状況ではなかっただけです。たとえば使用している人たちは「1日4回練習できます」と。でもナチュラルは1日1～2回がせいぜいで練習量ではついていけない、すなわち成長スピードが遅い。だったらサッと手を出すかなっていうのがあるんで、そこで「やらない」って言い切れないから、どうしてみんなしてそんなに叩いているのかな？っていうのはありますね。

――自分事として捉えたわけですね。

青木　自分事です。実際ね、「やんないの？」って言われたことも何回かありますよ。ブラジル人とかは身体作りの初期でやるんだよね？

木村　土台作りですね。

青木　土台作りの期間にね。わかりやすく言うと、柔道とかレスリングをやっていた人とかは子どもの頃から習っているから身体ができてるじゃん。そうじゃなくて「格闘技から始めました」っていう人は、身体の土台を作るのに4~5年かかるんですよ。それを短縮しちまおうっていうパターンが多いらしくて、それを聞くと「そっか」って思うこともあったっスよ。結局、検査を厳しくやったってやるヤツはやるから本当にはなくならないと思いますね。だから木村さんは叩かれて大変だなと思いましたね。

——木村選手はどうやって入手したんですか?

木村　海外のサイトから取り寄せました。ネットで買えるんです。

——筋肉増強外来ってよく聞きません?

青木　あるよね。

木村　それは噂でしか聞いたことがないですけど、有名だって言いますよね。

——そういうところで、医師の指導の元でやると安全ということなんですか?

青木　なんて言ったらいいのか、しょせんさ、触りのテストステロン値を上げるくらいだからさ。

木村　そうなんですよね。その維持が大変だっていうのはボクも知っています。

青木　1回グーッとテストステロン値を上げたって、そこから上がったり下がったりするし、ケアも必要だし、身体に害が出るか出ないかの塩梅は難しいから、それはそれで一芸ですよ。

「ボクが言っておきたいのは城戸選手とやった頃のボクはどナチュラルで、ほかのサプリもやめていた時期だったんです」(木村)

——ボクがよく聞く話だと、いまのやつは身体に悪くないっていう。

木村　本当に難しいのはそこなんですよね。そういうクリニックとかの先生は、テストステロンとかホルモンを入れることはむしろ身体にいいって言うらしいです。

青木　男性はテストステロン値が下がっちゃうと鬱になるから、40代とか50代の人は治療として有効って言われる。だから、じつは「身体に害があるからやめろ」っていうのは正直無理がある。問題が起こるとすれば用法、用量ですね。

——木村選手は使用してみて、副作用的に調子が悪くなることとかはありました?

木村　いえ、なかったですね。クレンブテロールは気管を全部拡げるので、酸素がいっぱい取り込めて、血流も増えるので、筋肉にエネルギーも行きやすいということなんです。それで筋肥大もしやすいし、脂肪も燃やしやすいという。実際にボクは副作用はないです。

青木　気管支喘息の薬に使われる?

木村　そうです。

青木　たぶんだけど、クレンブテロールとかはちょっと古いサプリメントだと思う。伝統的なタイプっていうか。

木村　そうですね。もっと新しくて似た成分は出てきていると思います。

――摂取した効果はすぐに実感できるんですか？

木村　そうですね。エネルギーが増える感じとか、血流が凄く調子よくてパンプするっていうか。

――たとえばボクが使用しても、日常生活が活力的になったりするんですかね。

青木　40～50代のアメリカ人とかは、むしろやらない人のほうが少ないらしいですよ。

――鬱にならないように、テストステロン値を上げる治療として。でも木村選手はもう二度とやらない？

木村　そうですね。もうやらないです。今回ボクがルールを破ってしまったことへの後悔は、武道として1個外れたっていうのがあるんですけど、もっとファンの人から最悪な言葉を言われるのかと思ったら、思いのほかファイターから言われたんですね。

青木　だから全否定的なね。俺が木村さんに聞いてみたいなと思ったのが、どういう向き合いでやったのか？　最終的に40を過ぎたらテストステロン値は絶対に落ちてくるけど、俺は上げるということはやらない。なぜなら、それならそれで、40代で落ちていくことによってまた学ぶことってあるかなと思っちゃったりするから。結局、自分はメンタル的に強くなりたいから格闘技をやっているのに、そっちに走っちゃったら青木的な解釈では負けなんじゃないかなと思うからやらないだけ。俺はですよ。でも、たぶん俺が試合した相手でやっていたヤツはいっぱいいる。

木村　そうだと思います。

青木　実際に俺と試合したあとで陽性になったヤツもいるし。でも俺はそこで怒らなかった。それに対して怒る気はまったくなかった。だって、そういうヤツもいるって納得して試合やってんだもん。あとこれね、怒る人がいるからあれなんだけど、ステロイド・ソムリエみたいな人いるじゃん？　そういう人は「パンチの重さが違う」みたいなことを言うでしょ。わかんないから、そんなの（笑）。ぶっちゃけ、俺はわかんない。

――ソムリエかどうかはわかりませんけど、闘ってみて木村選手のパンチ力に違和感があったと言っていたのは城戸康裕選手ですね。

木村　それなんですけど、ちょっといいですか？　ボクが言っておきたいのは城戸選手とやった頃のボクはどナチュラルで、ほかのサプリすらやめている時期だったんですよ。ヴィーガンをやっていた頃で。

青木　K－1時代はナチュラルだったわけでしょ？

木村　はい。

「なんでこのままRIZINの会場に行ったんですか？　俺が同じ控室だったら羽交い締めにして止めていたと思う（笑）」（青木）

——失礼ですけど、本当のところはどうだったんですか？

木村　本当にナチュラルです。サプリメントとかプロテインもちょっとやめていて、身体作りを突き詰めてやっていた一番どナチュラルなときです。それでK－1を辞めて、2年間試合ができない、そんな長い期間、人前に出ることができないとなったときに破壊的な精神というか、「どうにでもなれ」っていう。それに手を出すのも闘い方っていうか、生き残り方なんじゃないかって思っちゃいましたね、あのときのボクは。

青木　自暴自棄になっていた間にやっちゃったと。あとは今回のサスペンションの期間問題があるでしょ。「半年間の出場停止は短い」っていう。俺はそれはあんまり短いとは思わない。その期間にちゃんとやめて、途中1回チェックがあるならチェックしてクリアしたらいいじゃんって思うぐらいですね。

——半年あれば効果は抜けますか？

木村　その効果が出ている身体から元に戻せます。当たり前ですけど、いまは全然なんも力を借りていないですし、トレーニングをやってきている感じでは抜けきっているし、もともとの自分の本来の力でやっている感じがあるので、すでにいまの状態でも抜けきっている実感はあります。そろそろ検査のことを言われるタイミングかと思いますが、いまは完全にフリーな状態だと思います。

——もともと木村選手は、凄くメンタルが繊細という部分もあるんですよね？

木村　そういう性格だと思うんですけど、これはとても申し訳ない話なんですが、ドーピングとかを摂ってしまった期間中に、自分との向き合い方というか、身体と真剣に向き合った結果、トレーニングをいっぱいできるようになって。そこで何をすれば自分が成長できるかもどんどんわかってきた部分もあって、メンタルが変わったんですね。それはドーピングの効果というよりも、それだけトレーニングを重ねて自分と向き合ったおかげというか。

青木　さらにこれだけ叩かれて。

木村　叩かれたことも含めて、メンタルが逆に凄く強く固まってきたので、これからは何を言われてもボクは動じないでしょうし、最強になっていくだけだと思いますし、こんな最高なジム（Ｂａｔｔｌｅ－Ｂｏｘ）があって毎日何時間も練習しているので。そして、いつか安保（瑠輝也）選手と試合ができるかもしれないということに何よりもモチベーションが上がっていて、ボク、ああいう人が好きなんですよ。ちっちゃいときから格闘技をやっている人って、やっぱり並大抵の精神力じゃないと思うし、格闘技をやるというミッションを持って生まれてきた人たちだと思うんですね。そういう人と闘えるのは運命だなって思って。

——いつか安保戦が実現するとして、そこで何を見せたいというのはありますか？

木村　まず、格闘家の人たちにはみんなリングの下で見ててほしいなっていう気持ちがあります。ボクがどういう思いでこれをやったのか。エンターテインメントがプラスされたものが日本の格闘技だと思いますし、ボクが青木さんたちの時代の格闘技を見て学んだことがどういうことか、ボクなりに解釈した答えをリングの上で出すつもりです。

青木　安保戦はもうやることは決まってるの？

木村　いえ、何も決まっていないです。まずはしっかり検査をクリアして、それでＲＩＺＩＮに組んでもらえるなら。ボクとしてはＲＩＺＩＮを盛り上げたいと思っているので。

青木　俺が気になったのが、なんでこのままＲＩＺＩＮの会場に行ったんですか？　俺が同じ控室だったら羽交い締めにして止めていたと思いますよ（笑）。

木村　いや（笑）、前の日の夜にＹａｈｏｏ！の記事か何かで見たんですけど、安保選手がボクに対して「リングサイドで見とけ」みたいなことを言っていたので、すぐにチケットが取れるか確認して、取れるとなったんで、ちょっと行きました。その日はヴァンダレイ・シウバのイメージで、けっこうガッツリ炭水化物を多めに摂って筋肉を腫らして脱ごうと思ってました。

青木　最初から脱ぐつもりで行ったのか。

木村　昔、ＰＲＩＤＥでランペイジ・ジャクソンとヴァンダレイがやった乱闘のイメージで、すぐに脱げるようにしておこうと思ってましたね。

青木　真っ直ぐすぎるだろう、それ。

木村　いや、ボクが見てきたものをやろうと思っただけなんですよ。

「格闘技をさらにハードコアに、もっとエクストリームスポーツにしたいと思っていて、その気持ちは変わらないです」（木村）

青木　なんか俺がもし木村さんをコントロールする立場だったら、「おまえ、もう少し静かにしとけよ。そうすれば終わるんだから」って言うけどね。だから、めちゃくちゃおもしろかったですけど。

木村　（青木と井上を指差し）ボク、正直、こういう人たちを笑わせたくて格闘技をやっていますから。

――こ、こういう人たちとは？

木村　これが真理です。こういう感覚というか、客席にいてもボクのやることをおもしろがっているファンがいるんですよ。本当の格闘技ファンというか。

青木　性格がネジ曲がっちゃってる人たちでしょ。

木村　会場でそういう人を笑わせたいんですよ。会場をそういう人たちでいっぱいにさせたいんですよ。

青木　最初、ＲＩＺＩＮでクレイジー・ホース（チャールズ・〝クレイジー・ホース〟・ベネット）にいかれたじゃん？　あのときも最高におもしろかったもんね。いや、ぶっちゃけ木村さんがやられて悔しいんだけど、おもしろいんだよね。

――青木さん、「悔しかった」は嘘ですよね。

青木　なるほどな。真っ直ぐさゆえに、とんでもないものを見せたい、圧倒的な強さを手に入れたいという飽くなき欲求みたいなものをコントロールできなかったんでしょうね。なんか、その意味では理屈は全部通ってますよ。めちゃくちゃおもしろいですね。

木村　「特別な場所にいたい」みたいな気持ちが強いんですけど、格闘技は好きだけど基本的に闘うことは怖いので、いかに早く試合を終えてリングを下りるかを考えています。その考えでやっていると、相手のポイントというか一瞬一瞬が見えてくるんですよね。基本、モチベーションはいかにリングを早く出るかなんですけど、その「早く終えたい」と「格闘技が好き」という狭間で闘っている感じはありますね。そこで、良い悪いを決めるボクのなかでの判断の基準が、ボクが小さい頃から観てきた格闘技の世界観とか、ボクが好きな人たちの考え方だったりするんです。

青木　要はＰＲＩＤＥオタクってことか。

木村　「ＰＲＩＤＥをやればいいんでしょう？　間違ってないでしょ？」っていう。

青木　今回、やってしまった過ちで凄く叩かれて、これから木村さんがどうカムバックするのかが楽しみ。渡辺（一久）会長の仲間思いなところもよかった。正直ね、俺も過去に「そういうのを何回もやれば強くなるのかな」とか思ったりしたこともあるけど、「いや、俺はそこまではいいや」って思っちゃった。「そこまでして勝たなくても」って思っちゃうぐらい、じつは淡白。だから木村さんがＹｏｕＴｕｂｅで話しているのを観たとき、「そこまで向き合ってんだ」って思って。変な話、ちょっと尊敬があるかな。でも「俺はここまではいいや」って。俺にはそこまでして、何がなんでも勝ちたいっていう気持ちが薄いんだと思います。何がなんでも勝ちたいと思ってる木村さんは凄いと思います。

——勝ちへの執着。

青木　これは本当に木村さんを擁護したいという気持ちはないんだけど、やっぱり行き過ぎた競争になるのは仕方ないですよ。どんなスポーツ、いろんな商売でもそうじゃないですか？　ギリギリのことをやればそれがチャンスになっていくし。しょうがないですよね。

木村　今日は青木さんにそういうフラットな立場に立っていただき、お話することができて嬉しかったです。格闘技をやっている以上、ボクは何を言われても文句を言えないというつもりでいますし、もう過ちは起こさないです。ただ、それとは別に格闘技をさらにハードコアというか、もっとエクストリームスポーツにしたいとは思っています。その気持ちは変わらないです。

青木　こちらこそ、今日はありがとうございました。これからもどうかご自愛ください。

木村“フィリップ”ミノル（きむら“ふぃりっぷ”みのる）
1993年9月9日生まれ、ブラジル・パラナ州クリチバ出身。キックボクサー。Battle-Box所属。
クリチバで生まれ、3歳の頃に日本に移住。10歳からキックボクシングを始め、2010年9月20日にプロデビュー。2014年11月よりK-1に参戦し、ウェルター級戦線では城戸康裕らを撃破。2016年9月25日、RIZINに参戦して総合格闘技に挑戦するがチャールズ・"クレイジー・ホース"・ベネットに7秒でKO負け。2021年12月にK-1を離脱。2022年12月28日、『INOKI BOM-BA-YE×巌流島in両国』でミックスルールで矢地祐介にKO勝ち。2023年3月5日、KNOCK OUTでクンタップ・チャロンチャイにKO勝ち。同年6月24日、『RIZIN.43』でロクク・ダリにもKO勝ちを収めたが、RIZINがおこなったWADA基準のドーピング検査で陽性となり失格。罰金処分と半年間の出場停止処分を受け、矢地戦、チャロンチャイ戦、ダリ戦がいずれもノーコンテストに変更された。

青木真也（あおき・しんや）
1983年5月9日生まれ、静岡県静岡市出身。総合格闘家。
幼少期より柔道で鍛え、全日本ジュニア強化選手にも選抜される。早稲田大学3年時に格闘家としてプロデビュー。2003年からDEEPに出場し、2005年より修斗に参戦。2006年2月に第8代修斗世界ミドル級（現・ウェルター級）王者となる。大学卒業後は警察官となり警察学校に入るも2カ月で退職して、プロ格闘家一本に。その後はPRIDE、DREAMではライト級王者になるなどして活躍。2012年7月より契約を交わしたONEを主戦場にしており、ONEでも2度の世界ライト級王座を戴冠。2014年からは総合格闘技と並行してプロレスにも参戦。現在も日本人トップクラスの実力を誇っている。

H E N T A I Z A D A N K A I

玉袋筋太郎の変態座談会

TAMABUKURO SUJITARO

“ダイナミックT”

A K I R A T A U E

田上明

リング上の激しさに負けぬ波乱万丈人生
大相撲、プロレス移籍、四天王プロレス
そしてノア社長就任から全財産没収と大病
だが不屈のプリンスは奇跡の再生を果たす!!

収録日:2023年10月2日　撮影:橋詰大地　写真:山内猛　構成:堀江ガンツ

[変態座談会出席者プロフィール]
玉袋筋太郎(1967年・東京都出身の56歳／お笑い芸人／全日本スナック連盟会長)
椎名基樹(1968年・静岡県出身の55歳／構成作家／本誌でコラム連載中)
堀江ガンツ(1973年・栃木県出身の50歳／プロレス・格闘技ライター／変態座談会主宰者)
※今回、椎名はアントニオ猪木をさがしていたため欠席。

[スペシャルゲスト]田上明(たうえ・あきら)
1961年5月8日生まれ、埼玉県秩父市出身。元プロレスラー、元大相撲力士、飲食店経営者。高校3年の3学期に大相撲・押尾川部屋に入門。「玉麒麟」の四股名で十両でも安定した成績を残し、幕内昇進が期待されるも師匠・押尾川親方(元大関・大麒麟)との確執もあり1987年7月場所前に大相撲を廃業。1987年8月にジャパンプロレスに入団し、1988年1月に全日本プロレスに正式所属となる。同年1月2日にジャイアント馬場とのタッグでデビュー。ジャンボ鶴田や川田利明と組み世界タッグ王座戴冠や、1996年にはチャンピオン・カーニバル、三冠ヘビー級王座、世界タッグ王座、世界最強タッグ決定リーグ戦を全制覇。四天王のひとりとして一時代を築く。2000年にプロレスリング・ノアに移籍して取締役に就任。2005年11月5日、力皇猛を破ってGHCヘビー級王座初戴冠。2009年7月6日、三沢光晴の急逝に伴いノア代表取締役社長に就任する。2013年12月7日に現役を引退。現在は茨城県つくば市で「ステーキ居酒屋チャンプ」を経営している。

「ハワイに行ったとき、馬場さんに7メートルくらいのキャデラックをやるって言われたけど置くところがないじゃん（笑）」（田上）

玉袋　田上さん、このたび自伝を出されたということで、おめでとうございます！

田上　ありがとうございます。

玉袋　今日はその自伝に書かれていたことも含めて、田上さんのレスラー人生を相撲時代から振り返ってもらいたいんですけど。玉麒麟と玉袋の玉玉同士ということで、ひとつよろしくお願いします！

ガンツ　玉ちゃん同士なんですね（笑）。

玉袋　俺のほうはシモも名前だけど、玉麒麟は立派な四股名ですから（笑）。

田上　でも玉麒麟の「リ」を抜かすと「タマキン」になるから、俺も支度部屋では兄弟子からよく「タマキンちゃん」なんて呼ばれてね（笑）。

玉袋　そうだったんですか！（笑）。

ガンツ　玉袋とタマキンで、ますます相性がピッタリですね（笑）。

玉袋　こっちは包み込んじゃうよ（笑）。そのお相撲の世界に入られたのは高校卒業のときだったんですよね？

田上　卒業前だね。高校3年の3学期はもう相撲部屋に入っていたので、学校には行ってないんで。だけどいちおう卒業証書はもらったんですよ（笑）。

玉袋　だけど田上さんは各界に入る前に、遊びをひと通り覚えちゃったという。秩父でバイク転がしたり、自動車免許を取ったり。お父様は職人だったんですか？

田上　大工でしたね。大工の前が山師で、山で木を切ったりしていて。それからおふくろの親父が大工で、そこで仕事を覚えたんじゃないかな。

玉袋　そういうご家庭で育って、高校時代からバイクを乗り回していると、けっこうおコメ（お金）もかかったんじゃないですか？

田上　いや、そんな高いバイクは買えないから、中古の中古の中古ぐらいのバイクだから（笑）。

玉袋　大型二輪は取っていたんですか？

田上　いや、中型。いまは大型を持ってるけど。ハーレーが好きなんですよ。

玉袋　やっぱりハーレーですよね。

田上　クルマもアメリカンが好きでね。

玉袋　最初からですか？

田上　東京に出てきて最初に自分で買って乗ったのは、トヨタのクルマだね。横文字のクルマで。（奥様に）なんだっけ？　最初に乗ったクルマは？

奥様　ＭＲ２？

田上　違うよ。俺のクルマだよ。

玉袋　ＭＲ２だと、ちょっと田上さんの身体には合わないんじゃ（笑）。

奥様　ソアラ。

玉袋　あっ、ソアラだ。

玉袋　めちゃくちゃ遊び人じゃないですか！　ソアラはナンパなクルマですよ（笑）。

田上　で、そのあとがトランザムで。それからコルベットにも乗ったな。

玉袋　やっぱりアメ車ですよね。田上さんは身体がデカいから。

田上　俺がいちばん好きだったのは、コルベットなのよ。マスタングに行ってからって思っていたんだけど、先にコルベットを買っちゃったからね（笑）。

玉袋　そこはもうシボレーとフォードの闘いですからね（笑）。

ガンツ　そして馬場さんはキャデラックですよね。

田上　ハワイに１９７０年製くらいのでっかい、７メートルくらいのキャデラックがあってね。

玉袋　ジンベエザメみたいだな（笑）。

田上　全日本でハワイに行ったとき、馬場さんに「おい、タマ。おまえ、これ持って帰れ。やるよ」って言われたけど、置くところがないじゃん（笑）。

ガンツ　しかも船便で日本までいくらかかるんだっていう（笑）。

玉袋　じゃあ、持っていたバイクを全部売っぱらって相撲部屋に入ったんですか？

田上　最終的には全部売っぱらっちゃったね。ただ、最初の頃はバイクを1台だけ取っておいていたんだけどね。それで実家に帰ったときに隠れて乗ってたんですよ。ちょんまげ結って（笑）。

ガンツ　ちょんまげライダー！（笑）。

玉袋　それ、力道山以来ですよ。ノーヘルでインディアンのバイクに乗って場所入りしてたっていう（笑）。ただ、相撲部屋に入ったら基本的にそういう遊びもできなくなるわけじゃないですか。親方や兄弟子も厳しいだろうし。

「かわいがりはあったねえ。稽古場で師匠が兄弟子たちに『コイツ、殺せ！』って言ってさ。本当に半分死んだよ」（田上）

ガンツ　高校卒業で入ると、歳下の兄弟子もけっこういたりするわけですよね。

田上　だけど相撲は俺のほうが強かったからさ。あまり威

Champion
HEAD

張ってると練習で引きずっちゃったりしてね（笑）。
玉袋 強かったんだな〜。田上さんの同期が豊富だったんですよね？
田上 同期というか同い年だよね。益荒雄、騏ノ嵐、佐賀昇、あとは恵那櫻が1コ上かな。このへんが同じ部屋の同い年で。
玉袋 凄いですね。いまの阿武松親方、白いウルフがいたっていう。
田上 アイツもちょっと思っちゃってね。田舎のほうに帰っちゃって。
玉袋 そうだったんですね。田上さんは子どもの頃、プロレスは観てたんですか？
田上 凄いファンというわけじゃないけど、テレビでやってると親父が観てたりするから俺も観せられてね。
ガンツ でも、まさか自分がプロレスの世界に入るとは、まったく考えていなかったわけですよね。
田上 まったくない。俺が相撲に入ったときの横綱が輪島さんだったんだよね。それがプロレスに行ったら、その輪島さんを試合で蹴ったりしなきゃいけないのがねえ。
玉袋 たとえ相撲界を離れたとしても横綱は横綱ですもんね。
田上 俺にはそういう頭があるからやっぱりやりづらかったよねえ（笑）。
ガンツ 転がってる横綱を蹴らなきゃいけない（笑）。
田上 頭をガンガンやってさ（笑）。
玉袋 天龍（源一郎）さんなんか、輪島さんの顔面を蹴ってましたけどね（笑）。
田上 天龍さんはまだ歳が近いからいいかもしれないけど、俺なんかは「横綱だ」っていう頭があるからさ、ヤバイよ（笑）。芸能界だと植木等みたいなさ。
玉袋 スーパースター植木等を付き人の小松政夫が蹴っ飛ばせるのかっていう話ですよね（笑）。で、相撲界には馴染めたんですか？
田上 馴染まないと生きていけないんでね。変に絡まれてもしょうがないと思ってたから。牢屋に入れられたようなものだから。
玉袋 懲役だよ（笑）。
田上 けっこういじめられたしさ。
ガンツ 自伝でも書かれていましたけど、2種類のかわいがりがあったという。強く育てるためにかわいがる稽古と、もうひとつの意味でのかわいがりと（笑）。
田上 強くするためのかわいがりは毎日だよ。
ガンツ 毎日かわいがっていただいて（笑）。
田上 違う種類のかわいがりはあまり受けたくないんだけど、あったねえ。稽古場で師匠が兄弟子たちに「コイツ、殺せ！」って言ってさ。

玉袋　うわあ……いまならありえない。NGワードだよ。
田上　本当に半分死んだよ。
ガンツ　そういうかわいがりは、竹刀や硬い棒で叩かれたりもしたんですよね？
田上　もうバッチバチで。バチーンってね（笑）。
玉袋　つらい世界だよお。それと地方から来てる人たちなんかは逃げられないもんね。そう考えるとハワイ勢とかは凄いよな。だって帰れねえんだもん。
田上　パスポートを取られちゃうからね（笑）。
玉袋　パスポート没収！　いまなら国際問題だよ！（笑）。
田上　ウチの部屋にもパラグアイから来たヤツがいて、そいつらはパスポートを取られてましたよ。
玉袋　そんなの大使館に駆け込まねえと（笑）。でも夢を抱いて海外から来たんだろうな。

「相撲のときのほうが全日本に入ったときよりも全然稼いでたんですよね。月100万以上から15万円って、ふっざけんなよ（笑）」（玉袋）

ガンツ　80年代はハワイとかサモア系の力士も多かったですよね。
玉袋　南海龍とか。
ガンツ　その前だとキング・ハクもいますし。
玉袋　ああ、そっか。福ノ島もいたんだ。全日入りは田上さんよりも先だったもんな。プリンス・トンガだよ。あれだってアメリカで大スターになっちゃったもんな。
ガンツ　あとはハワイ出身力士の先駆けである高見山とも田上さんは相撲を取られてるんですよね？
田上　本割でもやってるよ。勝ってるね（笑）。
玉袋　すげー！（笑）。
田上　もう引退間際だったから勝てたけど、強かった頃は手も足も出なかった。もう動かない。
玉袋　田上さんが組んでみて、「コイツは強えなあ」って思った力士は誰でしたか？
田上　千代の富士かな。
玉袋　やっぱウルフか～！
田上　「この人には一生勝てねえな……」って思ったよ。
玉袋　身体は田上さんのほうがずっと大きいですよね？　それでもそうなんだ。
田上　当時、体重は向こうのほうがちょこっとあったんじゃないかな。
玉袋　それでも田上さんは長身で期待の力士だったと思うんですけど、大阪場所のときに名古屋駅でチャンネーとタバコを吸いながら歩いてるところを、新幹線で移動中の親方に偶然見られて大目玉を喰らったっていう。そんな偶然ありま

す？　あれは運が悪すぎますよね（笑）。

田上　本当に運が悪いよ。新幹線なんて何本もあるのに、なんでその新幹線になるの（笑）。

玉袋　そんなドッキリはないよな～（笑）。

田上　信じられなかったね。俺らは大阪では弁天さんの総本山に泊まっていたんですよ。だから弁天さんに怒られたんだなと思ってね。「ウチに来るのに悪いことしやがって！」って（笑）。

ガンツ　神様は見ていたと（笑）。

玉袋　それが原因で、場所中の稽古場で〝かわいがられた〟わけですよね。

田上　あれがなければ楽しい大阪だったのに、地獄の大阪だよ。外出も禁止になったし（苦笑）。

玉袋　だってその頃にはもう遊びも覚えちゃってるんですもんね。新地とか行きてえよ。

田上　そうだねえ。

ガンツ　もう関取になられていた頃ですか？

田上　関取になるときだね。

ガンツ　じゃあ、イケイケのときですね（笑）。

玉袋　それで「田上」で十両に上がって、それから「玉麒麟」になって、また十両から落ちたら「田上」に戻るっていう逆出世みたいな（笑）。

田上　「なんでなの？」って思ったよね。べつに玉麒麟をつけてほしいわけでもないんだからさ。「なんなんだ？　玉麒麟ってそんなにいい名前なのか？」って。

ガンツ　出たり引っ込めたり（笑）。

玉袋　田上さんの後援会の人たちは地元の秩父ですか？

田上　そうですね。秩父後援会っていうのがあって、化粧まわしもそこで一本作っていただきました。

玉袋　いいねえ。やっぱりお相撲は後援会だもんな。ご祝儀とかごっつぁんです的なものもけっこうあったわけですよね？

田上　いっぱいありましたね。

玉袋　領収書が出ないお金が（笑）。だからそのときのほうが全日本に入ったときよりも稼いでたっていう話が。

田上　全然違うよ。全日本に入ったときなんか微々たるものですよ（笑）。

玉袋　月15万円でしたっけ？　ふっざけんなよ（笑）。その前は月１００万以上はあったわけだからね。で、田上さんは熱帯魚にも凝ってたらしいですけど、それは相撲時代ですか？

田上　いや、辞めてからですね。相撲のときはそんな自由はきかないからね。

「相撲を辞めるときは親方に包丁で刺されるところだったよ（笑）。『このおっさん、なに考えてんだ!?』と思ってさ」（田上）

玉袋　そっか。関取になって、ようやく相撲部屋で個室を与えられるかと思ったら相部屋だったんですよね（笑）。

田上　当時は部屋が足りなくてさ。もっと作ればいいのに（笑）。

玉袋　ようやく個室だと思っていたら相部屋だったって、そりゃねえよな（笑）。

田上　佐賀昇と相部屋でさ。アイツも「はーちゃん」でさ。女を連れて来たりさ。

ガンツ　相部屋に（笑）。

田上　それで隣でイチャイチャしてるんだよ。俺がいるのに。

玉袋　田上さんに遊びを教えてくれた人っていうのは誰だったんですか？　青葉城さんですか？

田上　いやいや、青葉城関はそういうことはしなかったですね。誰だろうな、遊びを教えてくれたのは。益荒雄とはよく遊びに行ったねえ。

玉袋　いいなあ。自伝に「水商売の女性にモテた」っていう話も書かれていましたけど、銀座とかですか？

田上　六本木のほうが多かったね。銀座は高えからさ。

玉袋　六本木か。田上さんくらいの世代からそうなっていったのかな。龍虎、北の富士が銀座に来たときは大変だったっていう。あのふたりが歩いたあとは、ぺんぺん草も生えなかったって（笑）。

ガンツ　凄い時代だったんでしょうね（笑）。

玉袋　お相撲さんになって、日本全国いろんなところで美味しいものも食べられたんじゃないですか？

田上　まあ、食い物はいろんなところに連れて行ってもらったよね。地方にも後援会があるから、そこに行けば地方のうまいものを食わせてもらうっていう。

玉袋　ただ、そんな文字どおり美味しい思いもできる相撲界ですけど、田上さんは親方と衝突して辞められてしまうわけですよね。

田上　包丁で刺されるところだったよ（笑）。

ガンツ　「辞める」っていう話を切り出したら、親方が出刃包丁を持ち出してきたっていう（笑）。

田上　「このおっさん、なに考えてんだ!?」と思ってさ。

玉袋　凄い世界だよなあ。

田上　「親父、それで俺を刺すんか？」って言ったら、女将が止めてくれてね。

ガンツ　そんなすぐにカッとなる人だったんですか？

田上　そうだね。瞬間におかしくなる。だから稽古場でもす

ぐに手が出ちゃったりしてたんだよ。

玉袋　なるほどな〜。

ガンツ　天龍さんが以前言っていたんですけど、「後援会は凄くありがたいんだけど、相撲を辞めるときは後援会があるからこそ理解が得られなくて大変だった」って。田上さんも、やっぱりそういうのはありました？

田上　後援会とかみんなが応援してくれたから、それはいちばんに考えたよね。でも自分のことだから。人のために相撲をやってるわけじゃないし。

玉袋　それで田上さんは押尾川部屋を出て、いまの奥様の部屋に転がり込んだと。

田上　紙袋1個持ってね（笑）。

玉袋　さすが旅慣れてるな（笑）。でも部屋を飛び出したあと、先行きの不安というのは計り知れないものがあったんじゃないですか？

田上　「どうしよう……」と思ったよね。「トラックの運ちゃんでもやろうかな」って思ったりとか。

玉袋　トラック野郎だな。コンボイに乗りたかったと（笑）。

ガンツ　そんなときに三遊亭楽太郎師匠、のちの円楽師匠からプロレス転向を勧められたわけですよね。

田上　師匠にはお世話になったね。まあ、俺は「楽ちゃん」って呼んでたんだけど。俺だけだよ、「楽ちゃん」って言ってたのは。三沢（光晴）だって「師匠」って呼んでたからね（笑）。

「輪島さんとテンタを入れたことで全日本は両国国技館が使えなくなっちゃって、日本武道館が全日本の聖地になった」（ガンツ）

玉袋　全日本のリングサイドといえば、楽太郎師匠とイーデス・ハンソン、あと松竹梅の梅さんっていうのがワンセットだったからね。楽太郎師匠はもともと天龍さんと両国中学の同級生で、馬場さんの麻雀仲間。それで田上さんのスカウトとかまでしてるんだから、いま考えるとフィクサーだよな。

ガンツ　闘龍門も裏で支えてたりしましたよね。

玉袋　凄いよなあ。じゃあ、楽太郎師匠を介して馬場さんと会ったわけですか？

田上　そうそう。だけど楽ちゃんが直接言っていろいろ迷惑かけてもあれだから、楽ちゃんの知り合いが間に入ってくれてね。飲み屋のママとかが。

玉袋　そこで飲み屋のママが仲介者として出てくるのが昭和な感じでいいよな～（笑）。馬場さんの第一印象はどうでしたか？

田上　「顔がでっけえーな……」って（笑）。顔だけじゃないけどね。俺がこうやって見上げてしゃべることなんてそれまでなかったから。

玉袋　まさに東洋の巨人っていう。

田上　それでいきなりネックロックを極められてさ。「プロレスは痛いんだよ」なんて言って（笑）。

玉袋　馬場さんがカマしてきたわけですね（笑）。

田上　それで、ちょっと話したら「じゃあ、何日から来い」って、すぐ決まったの。

玉袋　でも、そこで給与面の問題がでてきますよね。

田上　「いくらほしいんだ？」って聞かれて、プロレスの相場がわからないから口籠もって「家賃がこれぐらいかかります」とか言ったら、「じゃあ、13～15万くらいだな」って言われて。

玉袋　カテエ！　生かさず殺さずの値段だよな（笑）。

田上　当時借りていたアパートが2DKで、その家賃を払ったらもうなくなっちゃうよ（笑）。

玉袋　だけど最初は全日本じゃなくてジャパンプロレス所属だったんですよね？

田上　あのとき、輪島さんやジョン・テンタが俺よりもちょっと前に全日本に入っているんですよ。それもちょっとキナ臭いふたりだから、それで俺がまた全日本に入ると相撲界がうるさいんじゃないかってことで、「ジャパンに行っておけ」って言われてね。でも「カネが出るところは一緒だ

よ」って（笑）。

玉袋　そっか。たしかにテンタも女と失踪しちゃったりして、いろいろあったんだよな（笑）。

ガンツ　輪島さんとテンタは、当時ワイドショーや週刊誌を連日騒がせたふたりですからね（笑）。

玉袋　輪島さんもちゃんこ屋を潰すわ、年寄株を売っちゃうわ、もう大変だよ。

ガンツ　輪島さんとテンタを入れたことで、全日本は両国国技館が使えなくなっちゃったくらいですからね。それもあって、日本武道館が全日本の聖地になったという。

玉袋　なるほどな〜。当時のジャパンのメンバーはどうだったんですか？

田上　みんな気さくな人たちでしたよ。

ガンツ　永源（遥）さん、栗栖（正伸）さん、寺西（勇）さんとかシブいメンバーが揃って（笑）。

玉袋　おー、シブいねえ（笑）。

ガンツ　若いのは仲野信市さんくらいで。あとはトップの谷津（嘉章）さんですもんね。

田上　みんな個性あるよ。

玉袋　そうだよな。そっちはそっちでキナ臭かったりするもんな（笑）。永源さんもお相撲ですもんね。じゃあ、けっこうかわいがられたんじゃないですか？

田上　巡業のときも「一杯行くぞ！」って連れて行ってもらったり。

ガンツ　田上さんはベテラン勢からかわいがられたんですよね。

田上　そうだね。ジジイにね（笑）。

玉袋　ジジイ転がしなんだ（笑）。

田上　だからカブキさん、ラッシャー（木村）さん、マイティ（井上）さんとか、一緒に出かけるのはそんな人ばかり（笑）。

玉袋　素晴らしいメンバーだよ（笑）。いかにもマイティさんはスナックに行ってそうだしな。
田上　歌がうまいんだよ。
玉袋　レコードも何枚か出してるからね。

「馬場さんに『チョップはでっかいモーションで打て』と言われて、『でっかいモーションで打って逃げられたらどうするんですか？』って言っちゃって」（田上）

田上　カブキさんともなぜか気が合って、よく飲みに連れて行ってもらったんだけど、あの人、巡業中とかいたずらを仕掛けてくるんだよ。地方に行って雨が降るとヒキガエルとか出るじゃん。それを捕まえて、タオルで巻いてご丁寧に俺のバッグの中に入れておいたりするんだよ。で、俺が試合が終わって控室に戻って、自分のバッグを開けて驚くのを楽しんでんだよ。ガイジンまでおもしろがって見に来てさ。
玉袋　さすが東洋の神秘（笑）。
ガンツ　カブキさんは当時50歳近いですよね（笑）。
玉袋　やってることが子どもだよ（笑）。全日本といえば、まずは受け身の練習が主体だと思うんですけど、そこは意外とうまくできたんですか？
田上　俺は中学に上がる頃から柔道もやってたんだよね。だから受け身はある程度はできていたんですよ。プロレスと柔道の受け身はちょっと違うんだけどね。
玉袋　合宿所には入ったんですか？
田上　行ってないね。俺はもうカアちゃんとマンションに住んでたから。
ガンツ　合宿所には小橋（建太）さんや菊地（毅）さん、北原（光騎）さんとかがいた時代ですよね。
玉袋　相撲界と一緒でプロレス界は歳下でも先輩っていうのはあるんですか？
田上　一緒だね。でも小橋や菊地は俺より先輩といっても数カ月だからね。それと入り方だって違うもん。アイツらはテストを受けて入った新弟子だけど、俺は違うもん。
玉袋　大相撲からの転向だから、幕下付け出しデビューみたいなもんか。
田上　だから向こうは付き人にもついてたけど、俺は付き人をやらなかったから。馬場さんがある程度は気を利かせてくれたんだよね。
玉袋　やっぱり全日本は昔から、相撲からの転向組と普通の新人では扱いが違いましたからね。
ガンツ　田上さんなんか、デビュー戦が馬場さんとのタッグですもんね（馬場&田上 vs バディ・ランデル&ポール・ハリス）。
田上　いやあ、まいったよ……。

玉袋　なんでですか、光栄じゃないですか（笑）。

田上　デビュー戦なんてただでさえ緊張するのに、そんな師匠と一緒とやるなんてさあ。洒落にならねえよ（笑）。

玉袋　言ってみりゃ御前相撲ですもんね（笑）。デビュー戦を終えて馬場さんから何か言われましたか？

田上　いや、何も言われなかったね。

玉袋　デビュー直後じゃなくても、プロレスをやる上でアドバイスはもらったんじゃないですか？　田上さんだったら「技を大きく見せろ」とか。

田上　それはよく言われてたね。「おまえは身体が大きいんだから、身体を大きく使って大きく見せろ」って。「チョップもちょんと打つんじゃなくて、でっかいモーションで打て」と。それで俺が「でっかいモーションで打って逃げられたらどうするんですか？」って言っちゃったんだけど（笑）。

玉袋　プロレスの場合、なぜか逃げないで受けてくれるんですけどね（笑）。やっぱり新人時代はなかなかプロレスになじむのは難しかったですか？

田上　必死にやるだけだったね。

ガンツ　田上さんはデビュー1年目から、タッグでスタン・ハンセンやブルーザー・ブロディに当てられていましたしね（笑）。

玉袋　それはしんどいよ（笑）。

田上　しんどいよね（笑）。

玉袋　けっこう潰しに来たりするんですか？

田上　いや、そういうのはなかったね。ただ、ハンセンはアホだからめちゃくちゃやるんだよ。俺なんか全日本の最後の頃はハンセンとタッグも組んでたんだけど、入場のときにブルロープで引っ叩かれたりしたからね（笑）。

玉袋　ハンセンは近眼なんですよね。

田上　振り回したブルロープのカウベルがジョー（樋口）さんに直撃したことがあって、それ以来、カウベルを取るようになったんだから。

ガンツ　ジョー樋口さんにカウベルを取り上げられたんですか（笑）。

田上　ジョーさんが「頼むから取ってくれ」って（笑）。

玉袋　カウベルが直撃したら、ジョーさんが本当に失神しかねないよ（笑）。

「天龍さんにビールに睡眠薬を入れられて無理やり飲まされてさ、朝起きたら口の中にアロエが入れられてるんだから大変なもんだよ（笑）」（田上）

ガンツ　あと田上さんがリング上でかわいがられたのは、なんと言っても天龍さんですよね。

田上　ようしごかれたねえ。リング上でもだし、リング外でも。

ガンツ　試合後の夜の街でも（笑）。

玉袋　天龍さんは、記者までも連れてみんなで飲んだりしたって言いますもんね。

ガンツ　天龍さんにガンガンやられていた若い選手が集まって、決起軍になったわけですよね。

玉袋　天龍源一郎被害者の会か（笑）。

田上　決起しない決起軍ね（笑）。

ガンツ　被害者が集まっただけで決起した覚えはない（笑）。でも、よくよく考えたらあのメンバーがまとまるわけがないというか。

玉袋　決起軍は誰がいたんだっけ？

ガンツ　三沢光晴、田上明、仲野信市、高木功、そして高野俊二（拳磁）（笑）。

玉袋　うわー、高野俊二か～！（笑）。

ガンツ　仲野、高木、高野の3人が悪ガキトリオでよくつるんでいたんですよね？

田上　あの3人が集まるとアブナイよ（笑）。

ガンツ　どんなことをしていたんですか？

田上　どんなっていうか悪いことばっかしてたよ。

玉袋　コレ（小指）関係ですか？

田上　すべてだよ。

玉袋　すべて（笑）。

田上　あれに密着取材したら問題になるような（笑）。

玉袋　ジャニーズどころじゃなくなっちゃうよ（笑）。

ガンツ　酒に睡眠薬を入れるいたずらを当時よくやっていたんですよね？

田上　それは天龍さんだね。

ガンツ　天龍さんなんですか!?（笑）。

田上　俺もビールに錠剤を入れられて無理やり飲まされてさ。ホテルの廊下でのびちゃって、朝起きたら口の中にアロエが差し込んであるんだから。「なんかにげえな……」って思って起きたら、アロエが口の中に入れられてたんだよ。大変なもんだよ（笑）。

玉袋　それは大変ですね（笑）。

田上　ようやられたなあ。あと俺の新人時代、近鉄バファローズが優勝したときだったかな。トイレに入ってたら、うしろから「近鉄バンザーイ！」って声がしてビールをかけられたりとか。

ガンツ　勝手にビールかけが始まって（笑）。

田上　もうびしょ濡れだよ（笑）。

ガンツ　ちなみに高野さんはどんな人だったんですか？

田上　アホ（笑）。

玉袋　俺も昔、あの人と酒を飲む機会があってさ、酔っ払って俺をネックハンギングツリーで持ち上げたらガツンって天井に頭をぶつけられて、天井に穴があいちゃったんだよ（笑）。まあ、あの人は寂しがり屋でもあったよな。

田上　気はいいヤツなんだけど、アホなんだよ（笑）。

玉袋　愛すべき人ではあるってことだな。ジャンボ（鶴田）さんはどうだったんですか？

田上　もうガッチリした人だったね。「プロレスに就職します」と言って入ったらしいけど、そういう生き方をしていたよね。

玉袋　個人主義だったっていうね。

田上　ガッチリ固いもん。俺なんかタッグを組んでずっと一緒にいてもラーメン1杯もおごられたことなかったからね。一度だけおごってもらったときは、帰りどしゃ降りだったよ（笑）。

ガンツ　SWSができて全日本からごっそり選手が抜けたことで、田上さんはデビュー3年目くらいでジャンボさんの正パートナーになったんですよね。

「馬場さんのことは師匠と崇めていたからSWSに行くことは全然考えなかった。ただ、カブキさんもいなくなったのはショックだった」（田上）

玉袋　次々と選手が抜けたとき、田上さんはどう思っていたんですか？

田上　「えっ、なんでみんな行っちゃうんだろう？」と思ってさ。馬場さんへの恩はないのかなって。

玉袋　まあ、SWSはお金の匂いがしましたけどね。

田上　カネしかないでしょ。

玉袋　でも田上さんも最初は薄給だったから、「やってられるか！」ってことでSWSに行く考えはなかったんですか？

田上　それは全然なかったね。俺はしょっぱかったから（笑）。

玉袋　いやいや（笑）。

田上　まあ、馬場さんのことは師匠と崇めていたから、本当に辞めることは全然考えなかった。ただ、カブキさんもいなくなったのはショックだったね。

ガンツ　あのときは全日本存亡の危機でしたよね。

田上　そうだね。「ウチはどうなるんだろう？」って思ったけど、「若いのでやるしかねえな」っていうことになって。そうしたらお客がいくらかついてきてくれたからよかったよ。

玉袋　やっぱりプロレスファンってピンチになると応援したくなるからね。だから俺もあの頃の武道館は全部行ってたし。

ガンツ　それで全日本はすぐにお客が入るようになって、そのときにおコメ（お金）も上がったんですよね？

田上　ああ、たしかに。でも上がってもらわないと困るもんね。もともと安いんだし（笑）。

玉袋　そっから激しかった四天王プロレスっていうのは、どんどんエスカレートしていくわけですしね。
田上　その後遺症で俺はいま斜視になっちゃったからね。左目が流れちゃってさ。
玉袋　そうなんですね。うわー。
田上　腰は痛えしさ。後遺症にはホントまいっちゃうよ（笑）。
ガンツ　当時の全日本の選手はみなさんそうですもんね。
玉袋　川田さんもよくラーメンの寸胴を持てるなって思うもん。

田上　川田もようやるよ。
ガンツ　身体へのダメージが大きかったとはいえ、ジャンボさんの正パートナーになったり、日本武道館のメインイベントに出るようになって、そこからプロレスのおもしろさに目覚めていったようなところはありますか？
田上　そうだね。ある程度は違った方面からも見れるようにもなったし、だんだんおもしろくなってきたね。ある程度はお金ももらえるようになったし。
ガンツ　やっぱり武道館のメインは気持ち的に違いますか？
田上　武道館のメインは何回やっても緊張するね。お客の期待感が違うから。
玉袋　もうお客さんもできあがっていたしな。俺は酒をいっぱい持ち込んでベロベロになりながら観てたけど（笑）。
ガンツ　当時の全日本はトータルでよかったんですよね。若手や百田光雄さんの試合で始まり、ファミリー軍団と悪役商会の楽しいプロレスがあって休憩が入り、外国人選手も豊富で最後は四天王プロレスで締めるみたいな。
玉袋　フォーマットが完璧だったよな。
ガンツ　田上さんのなかで良くも悪くも記憶に残っている外国人レスラーは誰ですか？
田上　誰かなあ……。

玉袋　テリー・ゴディは？
田上　ゴディは俺と同い年なんだよ。
玉袋　亡くなるのが早すぎたよなあ。
田上　だってアイツは痛み止めなのかなんなのかわからないけど、薬をこんなにたくさん飲んでるんだよ。薬で腹いっぱいになるんじゃないかっていうくらい。
ガンツ　その薬をジャックダニエルで流し込んでたって（笑）。
玉袋　それは寿命を縮めるよ（笑）。

「田上さんたちの時代も巡業中に博打をやっていたと。ハーリー・レイスも全日本で花札を覚えちゃったっていうからな（笑）」（玉袋）

ガンツ　あと田上さんの自伝では、ダニー・クロファットが変な意味で印象に残ってると書いてありましたよね。
田上　アイツは試合をしててもアホやもん。わざとここの紐を切りに来たりね。
ガンツ　タイツの紐を（笑）。
田上　若いヤツらにね。年寄りにはやらないけど。
玉袋　試合中にいたずらするんだ（笑）。これはよく全日本系の選手に聞くんですけど、田上さんは博打はやらなかったんですか？
田上　博打はあまりやらなかったね。昔はちょこっと競馬をやったりとか、パチンコをやったけど、いまはほとんどやらない。
玉袋　全日本はよくポーカーをやってたって聞きましたけど。田上さんたちの90年代は巡業中に博打をやるような時代ではなかったんですか？
田上　いや、やってたよ。もう、やるやる（笑）。相撲取りのときに支度部屋でもやってたもんな。あとは連絡船とかに乗ったときにみんなやり出すんだよ。そうすると上の人間が来て、「おい、チョコレンパンやるなよー！」って。まわりに普通のお客さんがいるのに、相撲取りはアホなんですぐにカネ出してやりだすからさ（笑）。
ガンツ　相撲用語で花札とか博打は「チョコレンパン」って言うんですよね（笑）。
玉袋　まあ、全日本だとハーリー・レイスも花札を全部覚えちゃったっていうからな（笑）。
ガンツ　日本の文化をちゃんと理解して（笑）。
玉袋　田上さんの若手時代、アンドレ（・ザ・ジャイアント）もよく来ていたと思うんですけど、アンドレはどんな感じだったんですか？
田上　アンドレは酒飲みが強かった。もう、ビールなんかガーッと1ダースとか軽く飲んでたもんな。
ガンツ　巡業バスの中でも飲んでたんですよね？

田上　バスの中ではワインのラッパ飲み。1日に何本飲んだのかな。

玉袋　アンドレは飛行機の機内にあったワインを全部飲んじゃったとかさ、いろいろ伝説があるからね。

田上　会場に着くと控室でも飲んでいて、「コイツ、酔っぱらいながら試合できるのかよ?」って。でも酔っ払ってもシラフでもあまり変わらないんだけど（笑）。

ガンツ　境目がないみたいな（笑）。

玉袋　シームレスだよ。いいねえ（笑）。

ガンツ　田上さんから見て、「この人はいい人だったな」っていう方はいますか?

田上　みんないい人だったよ。そんな悪い人はいないよ。外国人も含めて、リング上では敵なんだけど、みんな仲間みたいなところがあったからね。

ガンツ　全日本は、外国人レスラーも含めて馬場さんファミリーみたいなところがありましたよね。

玉袋　まあ、頂点に馬場さんがいるわけだから。なんてったって御大だもん。

ガンツ　でも馬場さんの晩年は、三沢さんが実権を握ってマッチメイクもやるようになったじゃないですか?

田上　そういうマッチメイクのことは俺は知らないよ。まったくノータッチ。

ガンツ　そうだったんですね。それで馬場さんが亡くなってからすぐに三沢さんが社長になり。

田上　なんで三沢が社長になったのかも知らないし、まあ、馬場さんの奥さんが決めたんだろうけど。

玉袋　元子さんが。

田上　恐怖のもっちゃんが（笑）。

玉袋　恐怖のもっちゃん！（笑）。

ガンツ　田上さんは元子さんとはどうだったんですか?

田上　いや、全然大丈夫よ。俺はかわいがられていたから。昔着ていたガウンももっちゃんからもらったんだもん。

ガンツ　元子さんのことを「もっちゃん」って呼んでる人に初めて会いました（笑）。

田上　面と向かって「もっちゃん」とは言わないよ（笑）。

ガンツ　そりゃそうですね（笑）。

玉袋　女将さんだもんな。

「元子さんが意地悪すんのを俺は裏で見ていたから最終的に三沢についたんだよ。やっぱり三沢のほうが筋が通ってたからさ」（田上）

ガンツ　田上さんは馬場さんとゴルフに行かれたりとか、そういう私生活の付き合いもあったんですよね。

田上　年中行かされてたよ（笑）。ハワイに行ったときなん

か家族も一緒だったのに向こうに着いたらクルマが用意されていて、俺がゴルフ場まで運転させられちゃってさ。家族とは別行動で俺はゴルフ。

ガンツ　ずっと馬場さんのお付きで（笑）。

田上　夕方ホテルに帰れば家族と会えるけど、次の日も朝起きたらまたゴルフで、ハワイはそれの繰り返し。ハワイなんてゴルフ場しか知らねえよ（笑）。

玉袋　ダイヤモンドヘッドも見てないと（笑）。

ガンツ　馬場さんはそういう遊びが凄く好きだったんですよね。ゴルフとか麻雀とか。

田上　馬場さんが握るわけよ。安いんだけどね。

玉袋　握る（笑）。

田上　でも俺らが勝つわけにいかないんだよ（苦笑）。馬場さんも昔は上手だったんだろうけど、歳を取るにつれて球も飛ばなくなってね。ティーショットのドライバーでも5番アイアンくらいしか飛ばないんだもん。それなのにスクラッチ（ハンデなし）でやってさ。

玉袋　握ってるのに勝っちゃいけないゴルフって大変だな～（笑）。

田上　永源さんなんか、馬場さんの球がバンカーに入ると先回りしてアイアンでピッと出しちゃってるんだから。

玉袋　まったく紳士のスポーツじゃない（笑）。

田上　自分も握ってるのに負けにいってるんだから。「なに出してるんだよ」って（笑）。

ガンツ　永源さんはそういうゴマすりがうまかったわけですね（笑）。

田上　それで馬場さんが来て、「お～、（バンカーに）入ってなかったか」とか言っててさ。

玉袋　接待ゴルフもここに極まれりだな（笑）。四天王同士でゴルフをやったりはしなかったんですか？

田上　やらないね。アイツら下手だもん。1回だけ川田と三沢とかとやったら、三沢が打った球が真横に飛んで川田のケツにバチーンと当たって、それっきりだよ。

ガンツ あれだけ運動神経がいい三沢さんもゴルフは全然だったわけですね（笑）。

田上 三沢は球技はダメだと思うよ。

ガンツ 田上さんは野球もやられていたんですよね？

田上 野球部だったね。

玉袋 三沢さんが得意なのは、お酒とおねえちゃんですか？（笑）。

田上 おねえちゃんとお酒だね。

ガンツ あっ、そっちが先（笑）。

玉袋 おねえちゃんとお酒、イン上野って感じだね。

田上 あと錦糸町も。

玉袋 錦糸町もエリアなんだ（笑）。三沢さんっぽいね。いいよ、本当に。

ガンツ 台東区、墨田区界隈のチャンピオンなわけですね（笑）。

玉袋 馬場さんが亡くなり、ノアになる前は三沢さんが全日本の社長になったわけじゃないですか。あのときっていうのは、やはり大変そうでしたか？

田上 そうだね。いちばん大変そうだったのは役員会議だね。俺らも役員だったけど株なんか持ってないし、三沢は社長なのに持ってないでしょ。ヒラの役員が株をほとんど持ってるんだから。

ガンツ 元子さんがほぼ持っていたわけですよね。

田上 だから役員会っていうのは、元子さんの会だよね。

玉袋 もっちゃんの会ですね（笑）。

ガンツ そこから三沢さんと元子さんの確執が表面化していって。

田上 元子さんもけっこう意地悪すんのよ。そんなのを俺は裏で見ていたから最終的に三沢についたんだよ。やっぱり三沢のほうが筋が通ってるなって感じてさ。

ガンツ それで全日本所属選手がほとんどノアに行ったわけですね。

「株式会社プロレスリング・ノアを畳むときは社長だった田上さんが負債を被ることになって、しかもそのあと大病も患われて」（ガンツ）

玉袋 でも、あれだけ大所帯になったら大変だろうなと思ったよ。それを背負う三沢さんの器の大きさがあったんだろうけど。

ガンツ 田上さんの自伝にも書かれていましたけど、三沢さんが全日本を辞めようにも社長のままだと辞められないので、役員会で社長解任決議をして、賛成したのが田上さんや小橋さん、百田さんとかで。

田上　あの頃は百田さんのお兄ちゃん（百田義浩）も役員だったからね。それで数で上回れたんだよ。

ガンツ　そして反対したのが元子さんと、馬場さんの姪の幸子さん、そして川田さんと渕（正信）さんという。それを思うと、やっぱり割れるべくして割れたんだなって感じですよね。

田上　三沢の社長解任前、みんなで全日本を抜けるために契約更改せずにリングに上がってたんだよ。それで俺は選手会長だったから、タッグパートナーの川田にも「契約しないでおけよ」って言っておいたのに「もうしちゃった」とか言ってて、しょうがねえなって。そのとき「川田は全日本に残る気なんだな」って思ったよ。

ガンツ　あのとき、ファンは「なんで川田と渕だけが残ったんだ?」っていう感じでしたけど、内部にいた田上さんからすると「まあ、そうなるわな」っていう感じですか?

田上　川田はともかく、渕さんはみんなが「置いていけ。ノアに呼ぶな」って（笑）。

ガンツ　そうだったんですね（笑）。完全に馬場家の人間みたいな。

玉袋　全日本は奥が深いよ（笑）。

ガンツ　そしてノアは、最初の数年間は業界ナンバーワンになるくらい勢いがありましたけど、2009年3月に日テレの地上波放送が打ち切りになってから一気に苦しくなってしまいましたよね。

田上　それが大きいよね。テレビの固定給というのは大きいよ。

ガンツ　そして、その3カ月後には三沢さんが試合中の事故で亡くなられて。あのときは、もちろん田上さんも会場におられたわけですよね。

田上　いたよ。俺はあのとき自分の試合が終わって、控室で雑誌を読んでたんだよ。そうしたら控室に石森（太二）が「三沢さんが倒れました!」って血相を変えてすっ飛んで来たからさ。それでリングサイドに行ってみたら、もう心臓のあれをやってて。

ガンツ　AEDですね。

田上　「そんなに悪いのかよ!?」と思ってさ。そのうち救急車が来て、その晩のうちに亡くなったって言われて。あのときはまいったね。信じられなかった……。

玉袋　そして田上さんの人生もそこから大きく動くわけですよね。

田上　あそこから俺の人生は狂ったね（苦笑）。

ガンツ　ノアの社長に就任するときは相当悩まれたんじゃないですか?

田上　株主である三沢のおっかあ（真由美夫人）に頼まれてさ。

「1日じゃ決められないから時間をくれ」って言ったんだけど、丸藤（正道）、森嶋（猛）、杉浦（貴）とか若いヤツらもみんな来て「お願いします」って言うし。もう俺がやるしかねえなって。

玉袋　田上さんの奥様からの反対はなかったんですか？

田上　なかったね。

玉袋　まあ、大変だよな。やらなきゃいけない状況に追い込まれてしまったわけですからね。

田上　本当にね。ジャニーさんの後釜じゃねえんだから（笑）。

玉袋　田上明＝東山紀之説（笑）。

田上　社長ってすげえ嫌なんだよ。

玉袋　なんとなくわかります。田上さんにはいちばん向いていないポジションじゃねえかなって（笑）。

ガンツ　田上さんは社長になってから、みるみるうちに髪の毛が白くなっていって（笑）。

玉袋　心労ですな（笑）。

田上　ハゲないだけよかったよ。親父がハゲだからさ（笑）。

ガンツ　でも2016年に株式会社プロレスリング・ノアを畳むときは、田上さんが負債を被ることになるわけですよね。

田上　しょうがないよね。でもよかったよ、いま生きていられて。

ガンツ　しかもその後、大病を患われたわけですもんね。

玉袋　胃がんで胃を全摘出したっていう。

田上　俺は不整脈なんで血をサラサラにする薬を飲んでいたんだけど、そうしたら胃潰瘍になってさ。それでいきなりぶっ倒れて、調べてみたら「ガンです。胃の全摘出をおすすめします」って医者が簡単に言うんだもん。いきなりだから俺も「胃を全部切るんだよね？」って医者に聞いたら、「当たり前ですよ」って（笑）。もう悪いことが一気に来ちゃってね。

「年齢的には馬場超えを果たした田上さんの自伝が絶賛発売中ということで、あとは本を読んでもらえればいいな！」（玉袋）

玉袋　それはいくつのときだったんですか？

田上　いまから5年前くらいだから。

ガンツ　50代半ば、ちょうどいまの玉さんくらいのときですね（笑）。

玉袋　怖え！（笑）。

ガンツ　破産宣告および胃全摘出（笑）。

玉袋　うわー、一気に来ちゃったよな、それ。

田上　嫌なことを思い出させないでよ（笑）。

玉袋　ハッピーな話でいきましょう（笑）。こちらでお店（ステーキ居酒屋チャンプ）をやるきっかけはなんだったんですか？

田上　ここの（建物の）オーナーが知り合いで、もともと家内がここで居酒屋をやっていたんですよ。それで何年かやったあと、ステーキ屋にしたほうがいいんじゃないかって話になって、居酒屋メニューを残したステーキ屋ってことで「ステーキ居酒屋」になったんです。

玉袋　だから酒に合うようなメニューが豊富なんですね。そしてステーキはまさかのミスター・デンジャー（松永光弘）直伝だったっていう。

田上　デンジャーに頭下げて教わってね（笑）。

ガンツ　ボクも一度、田上さんのお店にステーキを食べに来たことがあるんですけど、デンジャー式でやわらかくておいしいですね。

玉袋　俺も食べたかったな～。

田上　今日は定休日なんで、肉の用意がなくてね。

玉袋　お休みの日におじゃましちゃってすみません。コレ（お酒）はまだやってるんですか？

田上　酒はあいわからずで。辞められませんね（笑）。

玉袋　でも、お医者さんから注意されたりするんじゃないですか？

田上　言われるね。「また入院することになりますよ。肝臓の数値が上がってます」って（笑）。

ガンツ　こちらのお店で飲まれているんですよね？

田上　だいたいそうだね。ステーキを焼くのは家内で、俺は飲んでるだけ（笑）。

玉袋　でも田上さんがお店にいてくれたらファンもよろこぶよな～。あと田上さんのいまの生きがいはお孫さんですか？

田上　孫がまた懐かねえんだもんな。「じいじ、嫌い」ってすぐに言うから（笑）。

ガンツ　こんなに愛情を注いでいるのに（笑）。

田上　かわいくねえんだよ（笑）。

玉袋　いやいや、そんなこと言ったってかわいいんだもんな。目の中に入れたって痛くねえよ（笑）。

田上　かわいいけど、かわいくねえんだよ（笑）。

ガンツ　玉さんも、やっぱり孫ができると違いますか？

玉袋　全然違うよ。俺もきのうは孫とじゃれてたけどさ、たまんねえよな。まあでも希望だよね。自分たちの時代じゃなくてコイツらの時代だと。いい世の中になってほしいなっていう気持ちだよね。

ガンツ　孫の成長を見届けるためにも元気で生きていたいと。

田上　それは俺もそう思うけどね。そういえば馬場さんの年齢を超えたか。

玉袋　あっ、超えましたか？

ガンツ　馬場さんは61歳ですもんね。

田上　俺はいま62歳だから（笑）。

玉袋　馬場超えを達成したと（笑）。

田上　今度は永源遥超えをしなきゃいけないな（笑）。

玉袋　それとカブキ超えもあるからな。あっ、まだカブキさんは生きてるか（笑）。

ガンツ　生きてるどころか、今年いっぱいは現役の居酒屋大将ですから（笑）。

玉袋　ま、そんな年齢的には馬場超えを果たした田上さんの自伝が絶賛発売中ということで。あとは本を読んでもらえればいいな（笑）。というわけで田上さん、ありがとうございました！

自己投影観戦記 できれば強くなりたかった

第140回 アントニオ猪木をさがして

椎名基樹

椎名基樹（しいな・もとき）1968年4月11日生まれ。放送作家。コラムニスト。

アントニオ猪木の一周忌に合わせて、ドキュメンタリー映画『アントニオ猪木をさがして』が、10月6日に公開されると聞いて、今月の『KAMINOGE』のネタが確保できたと、私は密かにほっとした。

映画館に向けて、家を出るとき、ふと「おもしろくなかったらどうしよう」という思いがよぎった。しかしすぐに「おもしろくなかったら、批判記事にすればいいだけだ。コラムのネタの心配は不要である」と気づき、安心した。何と言うさもしさだろうライター業（職業川柳）。

それでも、映画館の席に座っても「2時間もつまらない映画を観るのは嫌だなぁ」などと、まだ甘ったれたことを考えていた。正直、それほど私の邦画に対する不信感は強い。しかし2時間後、上映が終了し、館内が明るくなるや、私は同行者に「おもしろかったねえ」と言っていた。

まず何より作品が端正で観やすい。構成が自然で、すんなりと作品に没入できた。その要因はテーマがひとつに絞れていたからだと思う。そのテーマとは「猪木ロス」である。『アントニオ猪木をさがして』は、決して猪木の実像を描き出そうとした作品ではない。アントニオ猪木を失い、それでもそれを求めずにはいられない人々を描いたドキュメンタリーだ。つまり、私自身のことを描いた作品なのだ。没入するのも当然だ。

映画ポスターには、暗がりの中で眼光だけ鋭くして息を潜めているような、少し不気味な猪木の写真に「元気ですか!?」と書かれている。これは、あの世の猪木に私たちが尋ねているのだと感じる。

猪木の語り部として登場するプロレスラーは、藤波辰爾、藤原喜明、棚橋弘至、オカダ・カズチカの4人だ。「猪木ロス」を描くにはぴったりの人選に思える。

昭和世代として選ばれた、藤波と藤原は、言うなれば「猪木に恋している」ふたりであり、最も飾り気のない言葉で猪木を語れるふたりだと思う。前田日明に「UWFを裏切った」なんて話をされてもドッチラケだし、長州力はいまだに自分の弱い部分を見せたりしないだろう。ましてや新間寿が語り出したら地獄だ（笑）。

棚橋弘至は、言うなれば、この映画の主役だったように思う。棚橋は新日本プロレスからアントニオ猪木の亡霊を葬り去った男だ。2002年のいわゆる「猪木問答」で、新日本プロレスの総合格闘技化を図る猪木に対して「新日本のリングでプロレスをやります！」

と宣言した棚橋弘至を見て、私は、時代を読めて、それを言葉にできる彼が、新日本プロレスの天下を取ることを確信した。実際、その後、棚橋によって新日本プロレスの純プロレス化は進められた。

映画の中で、新日本の道場でインタビューを受けながら、棚橋は過去に道場に飾られていた「アントニオ猪木の全身像のパネルを外させたのは僕なんです」と言った。私は少し前にネットで「猪木のパネル」がふたたび道場に飾られたというニュースを見ていたので、それがない道場の景色が不思議だった。

しかし、インタビューの途中で映画スタッフがじつはパネルがいまここにあることを、棚橋に告げた。棚橋は驚いて、パネルを引っ張り出し、道場の元にあった場所にふたたび猪木パネルを飾った。「いまだったらぜひまた飾りたい」と棚橋は言った。彼の罪悪感が晴れていくのがわかった。

映画のクライマックスシーンを作るために、棚橋にドッキリを仕掛け、それによってふたたび猪木のパネルが道場に飾られることになったのだ。そのいきさつは伏せておいて、パネルが復活したことだけが、数カ月前にニュースになっていたのだ。映画が入念に構成されて制作されていることに感心した。

オカダ・カズチカはアメリカンプロレス化を推し進めるだけでは、尻つぼみになっていくだけの、現在置かれているプロレスの状況を憂いており、それを打破するヒントをアントニオ猪木に求めている。猪木に会ったことは三度だけだそうだ。

この作品には、猪木の大ファンの少年が、成長していく過程を描いたドラマが、3本に分けて挿入されている。それがとても端正で安っぽさがないので、作品のグレードを高めていたように思う。

ドラマにはストレートに「へこたれるな」という、猪木が常に発信し続けた闘魂のメッセージが描かれている。「猪木ロス」の映画として、ベタといえばベタだが、演出がダサくないので素直に観られた（私は高校生の男の子が、意を決したときに喫茶店で、おっきなコップになみなみと入った水を、一気に飲み干す演出が好き）。

また、その猪木の「闘魂」の原動力になっていたものは「プロレスは八百長である」という世間からの蔑視への反発であったということが、作品の裏テーマとして映画の随所に描かれており、それが単なる「猪木ロス」を描いただけの、甘ったるい映画になることを避けている。

映画の冒頭ではサンパウロの猪木が働いていたという野菜市場が紹介される。猪木と一緒に働いていたという老人は、ポルトガル語で「ここで働いていた少年が力道山にスカウトされて、世界チャンピオンになった。映画のようなストーリーだ。ファンタジーだ」と、市場の人たちに熱っぽく話して聞かせた。

猪木が、移民として最初に入植した農園も紹介された。猪木が少年時代に見ていた景色だと思うと感慨深かった。農園で猪木家の隣に住んでいたという老人は言う。奴隷制度が色濃く残っていた時代だった。電気もない家に住んでいた。猪木のお母さんが作ってくれるスープが美味しくて、その味が忘れられない。アントニオ猪木は、ほぼ私の親の世代だ。その時代の人とは思えないようなエピソードばかりだ。「アントニオ猪木をさがす」と、ファンタジーの世界に迷い込んだようにも感じる。

プロレスがわかれば世の中が、
そして世界が見えてくる。

斎藤文彦×プチ鹿島

プロレス社会学のススメ

活字と映像の隙間から考察する

司会・構成：堀江ガンツ　撮影：タイコウクニヨシ　写真：©ABEMA

第45回

映像で全世界を支配するWWE

今年10月より、ABEMAがWWEのメイン大会であるロウとスマックダウン2大会の日本国内独占放送を開始した。ABEMAはこの2大会だけでなく、『レッスルマニア』をはじめ『サマースラム』『ロイヤルランブル』『サバイバーシリーズ』といったプレミアム・ライブ・イベント（PLE）も国内独占生中継するという。

日本国内ではこれまでもWWEが中継されたことがあったが、ABEMAはついに日本語実況による最短配信を実現。これまでのメディアとは力の入れ方はかなり違うようだ。

ついに本当の〝黒船〟が上陸したのかもしれない。

「日本語実況、日本語の字幕スーパーを付けた状態での最短配信がついに実現した。しかもスマホでも観られる。これはもの凄いことなんです」（斎藤）

――今回は10月3日からABEMAで配信が始まって、いまふたたび日本での注目度が急上昇しているWWEについて語っていこうと思うんですよ。フミさんはいま『日刊SPA!』の「フミ斎藤のプロレス講座別冊WWEヒストリー」という連載をウェブで再度アップされていますよね。

斎藤　WWEヒストリーのお勉強とおさらいのため、以前連載した記事のアーカイブを毎日3本ずつ更新しています。海外ドラマのリラン（再放送）のイメージです。

鹿島　あれは凄く勉強になります。WWE、アメリカのプロレスの歴史がわかりやすい。

――ボクは今朝も読みましたけど、ちょうどいまビンス・マクマホンのステロイド裁判の回で。あれは何十年も続いている巨大エンターテインメント企業であるWWEがもっともピンチに陥ったときですよね。

斎藤　もう30年ほど前の話になりますが、全米のメディアから攻撃されたステロイド疑惑から始まって、ビンス・マクマホンが米司法省に逮捕・起訴され裁判になった事件。プロレスのリングじゃなくて現実の法

廷にハルク・ホーガン、アルティメット・ウォリアーらが出廷して証言するというすさまじいシーンの連続で、知名度の高いスーパースターたちが証人として出てきたことで、ネットワーク系テレビ各局が連日こぞってワイドショーで取り上げて大きな話題になりました。

鹿島　いまのジャニーズみたいですね。立場は違いますけど、ヒガシ（東山紀之）やイノッチ（井ノ原克彦）が矢面に立たされちゃって。

――ボクもジャニーズの会見を観ながら、WWEを思い出しちゃいました（笑）。でも、あれでWWEの強さも感じましたね。結局ビンスは無罪になって、危機を乗り越えちゃったので。

鹿島　たしかに。

斎藤　あのステロイド疑惑、ビンスの逮捕・起訴、そして公判があったのは（WWEの）創立から30年くらいの時期でしたが、2023年はその前身のWWWFが1963年にできてから60周年にあたるんです。今年はそこからさらなる発展として

WWEとUFCが合体してTKOという新法人として再ステートして、新たにニューヨーク市場の上場企業になった。いままでWWEの総資産はやれ何百億円、何千億円だっていうので驚いていたのに、今度は株式の資産だけで1兆円を超えちゃったんです。1兆ですよ。

鹿島　スケールが違いますよね。そう考えると、いま窮地に追い込まれているジャニーズにも夢があるかもしれない（笑）。

斎藤　WWEの資産総額は過去最大規模になった。いままではミリオンだ、ビリオンだという数字だったのが本当にトレリオンの単位になったので、円に換算しての計算がすぐにはイメージできなくなった。

――そのタイミングでABEMAの配信が始まったわけですけど、ロウとスマックダウン、さらにはPPV大会も無料で観られてしまうというのが凄すぎですよね。

斎藤　いまはテレビではなくてネット上のストリーミング動画のサブスクリプションの時代なので、番組ごとに視聴料金を支払うPPVとは言わなくなって、プレミアム・ライブ・イベント、略してPLEという表記になりましたね。

鹿島　そこまで無料で観られてしまうと。

――『レッスルマニア』を始めとした年間5大イベントあたりはABEMAのPPVをやる計画もあるようですけどね。また、WWEの放送、配信になると日本語実況やスーパースターが語る言葉の字幕をどうするのか問題がありましたけど、半日遅れぐらいの〝撮って出し〟で字幕付きで観られるようになって。

斎藤　アメリカで月曜夜に放送されるロウは日本時間で火曜の朝、金曜の夜オンエアのスマックダウンは日本時間で土曜の朝ですが、ロウは日本時間火曜の夜8時、スマックダウンは日本時間土曜の夜8時に字幕スーパーと、FUNAKI＆シュン山口の日本語実況で観られるようになった。

――マニアのなかには「どうしてもリアルタイムで観たい」っていう人もいるとは思いますけど、多くの人は平日の午前中は仕事や学校に行っているし、字幕なしでは難しかったりするので、視聴環境に関しては

ベストに近いなと。

斎藤　日本語実況、日本語の字幕スーパーを付けた状態での最短配信をついに実現した、ということですね。これはもの凄いことなんです。しかもスマホさえあればどこでも観られるし、何度でも観られる。

――これはどういうことかと言うと、日本で観られるプロレスでいちばん視聴環境がいいのがWWEになったということなんですよ。新日本は新日本プロレスワールドでほとんどの試合が生で観られますけど、月額1298円かかって、テレ朝の地上波は深夜かなり深い時間で30分ですからね。

鹿島　なるほど。WWEは「黒船」なんてずいぶん前から言われてましたけど、もう黒船が来ちゃってる。

斎藤　ABEMAでの配信開始とともにPLE『レッスルマニア』のアーカイブが1から39まで全部観られるようになっていて、かなりの力の入れようであることを感じます。

鹿島　凄いな～。これまでWWEはいろんなメディアで放送、配信されてきましたけど、今回の力の入れ方はかなり違うわけですね。

「日本はほかの国と違って独自のプロレスがしっかりと根づいている。だがWWEが受け入れられやすい土壌を図らずも新日本が作ったと」（鹿島）

斎藤　映像としての日本におけるWWEの歴史をちょっとだけ紐解くと、ビンス・マクマホン体制になって全米ツアーがスタートしたのが1984年で、『レッスルマニア』第1回大会が開催されたのが1985年ですよね。日本ではまずビクターなど数社が出したVHSビデオのシリーズがあったんです。

鹿島　ありましたね。レンタルビデオで借りたな～。

斎藤　それと並行して『レッスルマニア7』以降はWOWOWが年数回の特番として放送していた時代もあった。地上波では、なぜかテレビ東京ではやらなかったけど、系列のテレビ大阪やテレビ名古屋で約1年間放送された『WWFスーパープロレス』という1時間番組もあったんです。

――〝ヒットマン〟ブレット・ハート政権時代あたりですよね。

斎藤　それからスカパー!が開局してCS時代になると、J SPORTS（J SKY SPORTS）がWWEを字幕付きで放送開始します。ちょうどストーンコールドとビンスの連続ドラマがいちばんおもしろかった頃です。

鹿島　そこがいまの日本におけるWWE人気の原点みたいなものですよね。

斎藤　ただ、その当時の字幕付きバージョンはアメリカ本国での初回放送から3週間遅れだった。

鹿島　そこまでタイムラグがあると、WWEだとかなりストーリーが進んじゃいますよね。

斎藤　それを解消するため、ある時期から2週間のディレイになり、10日のディレイになりと、タイムラグをだんだんと埋めていった。あれだけの量の字幕を日本のスタジオで毎週乗せていくという作業にはやっぱり時間的な限界があって、1週

間ディレイというのがいちばん早い形だったのでしょう。これと同時に2010年くらいからは字幕なしの英語版生放送をJSPORTSでもやっていた期間もあった。その間、2000年代初頭に地上波のテレビ東京で1年、フジテレビで約2年、WWE好きのタレントやコスプレ系のファンをスタジオにひな壇で並べたスタイルのオリジナル番組を深夜に放送していた時期もあった。WWE日本公演がレギュラー化をした頃ですね。

鹿島　やっぱりプロレスを振り返るとメディアの変遷がわかりますね。VHSビデオに始まり、BSからCS、そして配信になっていくという。

斎藤　配信も2016年にWWEネットワークが始まって、それと並行して2017年からは約2年間、DAZNがロウとスマックダウンを生配信していましたが、UKのDAZN本社がWWEとの配信契約を更新しなかったので、日本におけるDAZNのWWE番組は2019年に終わっているんです。ボクはVHS時代から地上波、WOWOW、DAZNまでほとんど全部に関わりました（笑）。

鹿島　凄いな～。やっぱりフミさんは生き字引ですね。

斎藤　だからWWEはメディアの発展とともにVHSビデオから地上波テレビ、BS、CS、ストリーミング配信まで常に日本でも映像にはなっているのですが、なかなか長期的に継続されたものはなかった。

――メディアが変わると、その都度、新規の顧客が獲得できる可能性が上がる代わりに、既存の顧客を失うリスクも大きいですよね。

鹿島　長く続かなかった理由は何が考えられますか？

斎藤　それは日本市場におけるWWE人気の問題というよりは、ほかの海外のスポーツ映像と比較してもWWEの契約料、放映権料がかなり高かったというのはあるでしょうね。

鹿島　WWEぐらいのエンターテインメントになるといろいろアンテナを張っていて、より条件がいいメディアを選ぶだろうし。

斎藤　またWWEというよりもアメリカの企業は、マクドナルドやKFCをひとつの例として、だいたいなんでもアメリカと世界は同じスタンダードだと思っているフシがあるんですね。だから「アメリカでも、ヨーロッパでも、ほかのアジアの国々でも、WWEの放映権はこれだけの額で買われているのに、なんで日本は買わないんだろう」という感覚があったのかもしれない。なんとなくそういうものは見え隠れする。

鹿島　それは日本はほかの国と違って、日本独自のプロレスがしっかりと根づいていることも関係しているんでしょうね。

――ほかの多くの国は「プロレス＝WWE」

ですけど、日本の場合、プロレスといえば新日本プロレスを始めとしたさまざまな自国のプロレス団体であり、WWEは「海外のプロレス」という感じでしたからね。

鹿島　音楽で言えば「洋楽好き」みたいな。

――ただ、いままでと違うのは日本でいちばん観やすい視聴環境になったことで、日本でも「プロレスを観始めるきっかけがWWE」っていう人が、どんどん増えていくと思うんですよ。

斎藤　WWEはそもそも新規のファンが常に生まれる、常に開拓できるジャンルで、2000年代以降でもすでに2世代くらいファン層が入れ替わっていますから。

――日本のプロレスファンも、以前はエンターテインメント色の強いWWEが受け入れられない人が多かったですけど、ここ15年間ぐらい日本のプロレスはどんどん〝WWE化〟していったじゃないですか。

斎藤　特に新日本プロレスにその傾向がありましたね。

――この15年ぐらいの新日本がやってきたことって、WWEをアレンジしたものが多かったですからね。

斎藤　1年を通じての興行日程が、そのまま連続ドラマのような流れになっているところですね。

――だからWWE的なエンターテインメント性の強いプロレスに抵抗がなくなる地ならしを、結果的に新日本がしてきたと思います。

鹿島　「地ならし」っていうのはわかりやすいですね。WWEが受け入れられやすい土壌を図らずも新日本が作っていたと。

「日本独自の、日本テイストのプロレスがもうどこにもない。コンテンツとしてはアントニオ猪木で終わりだったのではないか」（斎藤）

――だからこそ今回のABEMAのWWE配信開始は、日本のプロレス界にとってターニングポイントになるんじゃないかと思うんですよ。

斎藤　今回のABEMAは、いままでWWEを放送・配信してきた日本国内のどのメディアよりも広告展開に力を入れています。SNSやYouTubeを大活用して、毎日のように公式アンバサダーである武藤敬司とフィン・ベイラーの対談、コーディ・ローデスとの対談、ベッキー・リンチとの対談などが流されて、トリプルH、AJスタイルズ、レイ・ミステリオらによる日本のファンに向けたオリジナルのメッセージも配信された。もちろん、中邑真輔、ASUKA、イヨ・スカイからのメッセージもあって、さらに藤波辰爾や獣神サンダー・ライガーといった元・新日本プロレスのレジェンドが、WWEがいかに凄いかということをABEMAの画面でしゃべっている。

――藤波さんやライガーさんの元・新日本プロレスの知名度と、WWEホール・オブ・フェーマーという肩書きをABEMAは最大限に利用していますよね。

鹿島　じゃあ、元日におこなわれたグレート・ムタvsシンスケ・ナカムラや2月の武藤敬司引退試合から、ABEMAとしてはいい流れが作れているわけですね。

――振り返ると、ムタとシンスケ・ナカムラをやらせる交渉によって接点ができたことによって、今回のWWE独占配信につながったんでしょうね。

鹿島　武藤さんは引退したあと、プロレス界とどういう関わり方をしていくのかと思ったら、ちゃんとABEMAのプロレスアンバサダーとして、WWEの旗振り役になっちゃっているのが凄いですね。WWEホール・オブ・フェーマーであるけど、現役時代にWWEとの関わりはほとんどなかったのに（笑）。

斎藤　武藤さんがWWE のアンバサダーとしてABEMAの画面上にいるだけで、WWEを知らない一般視聴者でも日本国内でのブランド性が高まることはたしかなんです。

鹿島　武藤さんのお墨つきってことですもんね。

斎藤　日本の視聴者も武藤さんを使ってこれだけ宣伝されると、「しばらくWWEは観ていなかったけど、また観始めたよ」っていう人がすでにたくさんいるんです。

——また、さまざまなスポーツの世界大会や、海外メジャースポーツを観るのは配信系のメディアっていうのが定着しつつある時期にちょうどスタートですからね。

鹿島　サッカーのワールドカップなんかでも、以前は地上波のキラーコンテンツだったのが、今後は放映権料の高騰で地上波では無理みたいな話もありますもんね。

斎藤　そういう現実を目の当たりにすると、時代はとっくに地上波テレビでも衛星放送でもなく、配信のサブスクリプションやPPVに取って代わられていますよね。

鹿島　あらゆるエンターテインメントがそうなりつつありますよね。ロフトプラスワンだって動画配信が収益の柱になってきていますから（笑）。

——新宿地下のアンダーグラウンドから世界的メジャースポーツまで（笑）。

斎藤　いまのところABEMAは中邑真輔、ASUKA、イヨ・スカイを中心に宣伝展開をしているようですが、WWEは日本人選手を応援するコンテンツというよりも、WWEというエンターテインメント自体を楽しむものだから、ひょっとしたら日本人選手の活躍ばかりにそれほどこだわつ必要はないのかもしれない。大谷翔平が観たくてメジャーリーグを観るのとはそのへんのニュアンスがちょっと違う。

鹿島　90年代にWWFが「マニア・ツアー」を日本でおこなったときも、天龍（源一郎）さんを始めとした日本人レスラーのゲストより、WWFそのもの、現地から直輸入されたものが観たいっていう感覚がありましたからね。

——そういったいろんな意味で、ボクや鹿島さんの好きな80年代半ばの漫画『プロレス・スターウォーズ』に描かれた、日本のプロレスファンがみんなアメリカンプロレスが放送されるチャンネルに合わせる状況が来つつありますよ（笑）。

鹿島　豪華メンバーのアメリカンプロレスに洗脳される（笑）。本当にその世界が来ましたね。

——しかもこれまでのWWE日本進出は、興行をおこなう上での日本マーケットを取りに来ていましたけど、これからは日本公演をやることが目的じゃないってことも重要だと思います。

斎藤　全世界のマーケットを映像によって支配してしまう、それがＷＷＥです。

――先ほども言いましたけど、以前は日本のファン気質として「ＷＷＥは別物」みたいな感覚がありましたけど、いまのプロレスの方向性は日本とアメリカがほぼ似通ってますよね。

斎藤　もうほとんど変わらなくなっているかもしれない。

――これが20年前だったら違ったじゃないですか。

鹿島　いろんなプロレスが楽しめるのが90年代の多団体時代でしたけどね。

――昨年猪木さんが亡くなりましたけど、特に猪木さん的な日本独特のプロレスがなくなってきている。

斎藤　そもそも日本独自のプロレスというのは、コンテンツとしてはアントニオ猪木で終わりだったのではないか。そんな気さえします。

鹿島　まあ、そうかもしれないですね。

斎藤　百歩譲って前田日明、髙田延彦らが模索したプロレス、あるいはプロレスから派生したサムシング。もしくは全日本など90年代の四天王プロレス的世界観が、日本独自の、日本テイストのプロレスなんでしょうけれど、いまはそれがもうどこにもない。

鹿島　あれだけ一世を風靡したにもかかわらず。じゃあ、これから新日本がどうＷＷＥと差別化してクオリティの高いものを見せていくかってことですよね。

斎藤　動画配信の視聴者数という部分では、これからは新日本もＮＯＡＨもそれ以外の団体も、ストリーミング配信をしている日本のプロレス団体はすべてＡＢＥＭＡ－ＷＷＥと同じ土俵で競い合っていかなければならない。そういう現実はすでに始まっています。

「新日本はＷＷＥのいい部分を取り入れて大きくなってきたけど、むしろ差別化しなきゃいけない時期に来ているのかも」（鹿島）

――ネット配信時代になって海外との垣根がなくなったことで、これからＷＷＥや海外を目指す日本人レスラーが、どんどん増えると思うんですよ。

斎藤　実際、ＡＳＵＫＡやイヨ・スカイはＷＷＥ女子チャンピオンになっているし、シンスケ・ナカムラもトップクラスから一度も落ちることなくすでに6年以上アメリカに定住してがんばっていますよね。アメリカ人選手のグループがいて、世界中からアメリカにやって来るレスラーたちがいて、常に１００人以上の選手たちと競争してトップグループの位置を守っているのは並大抵のことじゃない。Ｓａｒｅｅｅはメインロースターに上がる前に帰ってきちゃったし、イケメン二郎も最近リリースされたでしょ。それと同時に里村明衣子のように特別なポジションでイギリス、日本、アメリカを行ったり来たりするパターンも成立している。

鹿島　そこは野球のメジャーリーグと一緒ですよね。大谷翔平みたいにメジャーでも大活躍する選手もいれば、日本ではトップだったのにメジャーでは活躍できずに帰ってくる選手もいる。

——成功へのハードルはこれからさらに上がって、より競争が厳しい世界になっていくと思いますけど、それでも世界を目指す選手は増えてくるんじゃないかと思います。

斎藤　団体は違うけど、DDTの竹下幸之介はAEWではすでにメインイベンターだし、志田光もチャンピオン。たまに日本に帰ってくるけれど、基本的に海の向こうに住んで、外国を主戦場とする選手は増えていくでしょう。それは他のスポーツを見れば一目瞭然で、サッカーの日本代表は、そのほとんどが海外のクラブでプレイする選手たちですよね。

鹿島　多くのスポーツは、トッププレイヤーがさらに上を目指して海外リーグに行くという傾向が見られますよね。

斎藤　スポーツだけに限ったことではなく、ありとあらゆるジャンルの才能のある人材にとって、日本はすでに魅力的な国ではなくなりつつあるのではないでしょうか。

——特に金銭面ではそうですよね。

斎藤　日本のプロレス界ではまだ1億円プレイヤーはいませんけど、ASUKAは今年の年俸はついに1ミリオン（約1億5000万円）を突破したといわれています。

鹿島　凄いな〜。プロ野球選手なんかでもそうですよね。日本とメジャーリーグだと桁が全然違って。

斎藤　もちろん、選手たちはお金のためだけに海外に行くわけではなくて、優秀なアスリートならより高いレベルで自分を試したいという気持ちは誰でも持っているでしょう。でも実際のところは海外のマーケットはギャラがバカ高いこともまた現実です。

鹿島　よりレベルが高くて、より多くのお金を稼げる場を選ぶというのは、プロとして自然な考えですよね。

斎藤　新日本プロレスもSTRONGといった配信番組をきっかけに英語圏へのアプローチをさらにシステマチックにできるようになれば、WWEほど地球規模のマーケットではないとしても、アメリカを含む世界の英語圏にはWWEに対するオルタナティヴとして別のプロレスを観たいプロレスファンはたくさんいるわけだから、もっといろいろなマーケティングを考えていけば、そのうえで結果的にレスラーへの報酬も上げることができるようになる可能性は十分にある。

——これは妄想ですけど、新日本が海外資本になってもっと大きくなる可能性もありますよね。

斎藤　ボクもそういうことがあってもいいと思っているんです。いま新日本とAEWは協力関係にありますが、いっそのことトニー・カーン（AEW社長）が新日本を買ってくれたらスッキリするし、もっといろんなことができると思う。それによってプロレスのコンテンツそのものが新日本でなくなってしまうことはないと思うんです。いまの時代は多くの日本企業に外資は資本投下されていますが、外資が入ること自体は会社経営においては全然ありでしょう。

鹿島　グローバル市場を考えると有効な手段ではありますよね。企業としてもっとシビアに合理的になるだろうし。
——WWEは全世界マーケットの最大公約数に向けたソフト作りをしているので、海外のファンの間では「もっととんがったものが観たい」というニーズはたくさんありますよね。そのニーズにAEWや新日本が応えている部分があると思いますけど、これから生き残っていくためには、WWEとは違うものをやっていかなきゃいけないんじゃないかなと。
鹿島　新日本なんかはWWEのいい部分を取り入れて大きくなってきたけど、これからはむしろ差別化しなきゃいけない時期に来ているのかもしれないですね。
斎藤　グローバルな展開を考えたら、たとえばクエンティン・タランティーノ監督があこがれた日本映画みたいな、凄くジャパニーズでしかもカッコいいものが求められているのかもしれない。

「アメリカのマニアックな層の代表みたいな人たちが、アメリカで〝日本の女子プロレス〟を2団体旗揚げしたんです」（斎藤）

——この号が出る頃には行き先が決まっているかもしれませんけど、NOAHを退団した中嶋勝彦みたいな選手に対するニーズってあると思うんですよね。ああいうハードヒットな打撃を使う選手って日本独特だし、WWEでは観られないので。
斎藤　ボクも中嶋勝彦がNOAHを退団するって聞いたとき、行き先はアメリカだろうと思っていたんだけど、ガンツくんの予想は新日本なんでしょ？
——まあ、そうなんですけどね（笑）。
斎藤　さっき、鹿島さんがここに来る前のガンツくんとの雑談で「中嶋勝彦はWWEかな？　それともAEWかな？」なんて話をしていたら、「いや、新日本でしょう」ってあっさり言うから、ボクの予想はよくはずれるなあと思って（笑）。
鹿島　凄く現実的な話をされて（笑）。
——べつに裏情報を突き止めたわけじゃなくて、あくまでボクの予想ですけどね（笑）。新日本のトップどころを考えると、内藤哲也はケガを抱えてすでに41歳だし、オカダ・カズチカの同世代のライバルがSANADA以外に必要だと思うんですよ。そう考えると、オカダ、SANADA、中嶋勝彦は3人とも1988年生まれで、令和闘魂三銃士や上村優也がトップに育つまでの数年間は、この3人が中心になるんじゃないかなと。そして中嶋勝彦自身、36歳になってキャリアの全盛期に日本のトップで勝負したいという欲もあるだろうし。
鹿島　そういう話を聞くと新日本かなって思いますね。昨年の「武藤引退試合の相手ザ・ロック説」に続くガンツ予想で（笑）。
——中嶋勝彦は新日本育ちじゃないですけど、ああいう「ストロングスタイル」を感じさせる選手が、いまの新日本にいるっていうのは、グローバルで考えてもいいと思うんですよね。
鹿島　鈴木みのるなんかも海外で大人気ですもんね。
——ABEMAでのWWE配信が決まった

とき、ボクが「ガラパゴス的発展を続けてきた日本独自のプロレスは、欧州の伝統的なプロレスと同様に事実上なくなっていくかもしれない」ってX（旧ツイッター）でつぶやいたら、海外のファンが翻訳引用して「日本のプロレスもWWE化していくのか?」っていう論議のツリーができちゃったんですよ（笑）。それを見たとき、海外のマニアのほうが日本独自のプロレスにこだわりがあるんじゃないかと思って。

斎藤 日本のプロレスが好きなアメリカ人のオタク層って、日本のプロレスファンのオタク度を超えた、いい意味でも悪い意味でももの凄く偏った人たちなんですね。特にそういう議論をしたがるアメリカのオタクの人たちって本当に偏ってる（笑）。でもアメリカはマーケットが大きいから、そういうニーズも一定のキャパがあることもまたたしかなんです。

鹿島 マニアの市場が巨大なわけですね。

斎藤 そういうマニアックな層の代表みたいな人たちがアメリカで〝日本の女子プロレス〟を旗揚げしたんです。しかも2団体同時スタートで。ひとつはニューヨークの「SUKEBAN」で、もうひとつはロサンゼルスの「KITSUNE」。それぞれキャラクター設定は違うんだけど、いずれもウナギ・サヤカが主役クラスで、簡単に言えばスターダム所属ではない、アメリカでスターになれるポテンシャルの日本人女子選手たちを集めた団体なんです。

鹿島 アメリカで「日本の女子プロレス」がアメリカ人によってプロデュースされるっていうのは、これからの時代を象徴していますね。

斎藤 WWEもずっとウィメンズ・ディヴィジョンに力を入れていて、日本人スーパースターのASUKA、イヨ・スカイが大活躍していますが、それとはやや異なるトーンの「日本の女子プロレス」、すでに英語化しつつあるJoshiへのニーズというのは、特にアメリカのマニアの間であるんです。ジャパニーズ・アニメが実写で動いているみたいなイメージがJoshiということになるらしい。

鹿島 クールジャパンみたいな感じですね。おもしろいなあ。何がグローバルでスポットライトを浴びるのかわからないですね。

斎藤 「SUKEBAN」も「KITSUNE」も、現在の日本の各団体よりも選手へのギャランティが高いということで、フリーの大物を集めることに成功している。

——そうなるとK-POPみたいに、日本の女子レスラーも最初から自国のマーケットじゃなく、世界市場を考える人が次々と出てきそうですね。

斎藤 アメリカの資本、アメリカ人のプロデュースで「日本のプロレスをやる」っていうのはボクはありだと思っているんです。それでさっきの話に戻るんですが、もう昔ながらのハウスショー、ライブの時代ではない、つまり興行収益ありきの時代ではないから、すべてストリーミング配信で世界に向けて同時進行でコンテンツ展開していきましょうというビジネスモデルです。もう、そうなっていくしかないでしょう。

「ABEMAプロレスアンバサダーである武藤敬司が日本のプロレスの父になるかもしれないと。引退してもなお格が上がっていく（笑）」（鹿島）

鹿島　これからは団体を立ち上げるというより、プロダクション的な人材を育ててマネージメントする会社が増えそうですね。ジャニーズの新会社みたいな話になってきましたけど、エージェント会社になるっていう（笑）。

——旧来の団体のSMILE-UP化ですかね（笑）。

斎藤　新日本に関して言えば、1・4東京ドームの『レッスルキングダム』はすでに世界的なブランドになっているからこれからも継続されるでしょう。一方、純日本式のシリーズ興行、地方巡業の数は減っていくのではないかと思います。チケットを売ってアリーナに何千人、何万人入れるかに一喜一憂するよりも、世界中の何十万人、何百万人のネット上のオーディエンスに課金できるビジネスモデルが完成しつつあるわけですから。

——その一方で、アメリカでの興行は増えそうですよね。日本では「1・4ドーム」というブランドが強いですけど、海外では日程や会場ではなく『レッスルキングダム』という名前がブランド化しているから、1・4ドームとは別に、たとえば5月くらいにアメリカで『レッスルキングダム』名義のスーパーショーをやれば、かなりの集客が見込めるんじゃないかと思いますよ。

斎藤　AEWとのパートナーシップでさらにスケールアップしたG1クライマックスをアメリカでやるのもアリでしょうね。IWGP世界ヘビー級王座も、いまよりもさらに高い位置づけにすることはできるでしょう。

——そうなるとIWGP決勝をMSGでやるという夢が、G1に形を変えて実現するかもしれない（笑）。

鹿島　第1回IWGP開催時の新間寿さんの夢が、40年の時を経て実現するわけですね（笑）。

——ついにプロレス界に万里の長城を築くときが来ましたよ（笑）。

鹿島　あの第一次UWFオープニングシリーズのポスターが現実のものになる（笑）。

斎藤　日本のプロレスは、オリジナルのコンテンツとしては十分におもしろいものなので、それを海外のマーケットで展開できるものにシフトしていけば、もっともっと大きなビジネスにできる可能性はあると思います。

——いずれにしても、時代の転換期にあることは間違いなさそうですね。

斎藤　これまでの常識はいったん破棄される。コンテンツとしてのプロレスもグローバルベースの価値観に変わっていく。

——これまで日本のプロレス界では、力道山に始まり馬場、猪木に受け継がれて現在にまで続く年表が「正史」とされてきましたけど、数年後にはWWE史観の歴史に変わっているかもしれないですよね。アメリカンプロレスの近代史が1984年の『レッスルマニア1』がスタートとされる感じで、日本のプロレスの近代史もABEMAプロレスアンバサダーである武藤敬司から始まるような感じで、昭和プロレスは「紀元前」扱いになったりして（笑）。

鹿島　武藤さんが日本のプロレスの父になるという（笑）。

斎藤　現役時代のグレート・ムタがたくさん映っているWCWやNWAクロケットプロの映像アーカイブはWWEが所有しているので、広い意味で言えばムタ史もWWEの歴史の一部にはなっているから正当性はちゃんとある。

鹿島　武藤さんおそるべしですね。引退してもなお格が上がっていく（笑）。

――〝WWEホール・オブ・フェーマー武藤敬司〟への鮮やかな変わり身で（笑）。

斎藤　WWEのほうも日本のエージェントにムタがついているとなれば、アメリカから見てもマーケティング的に安心感があるだろうし、引退して試合をしなくなっただけで、グレート・ムタが世界的なスーパースターであり、画面上の登場人物であることはまったく変わらない。トリプルH、リック・フレアー、アンダーテイカーのようなポジションを手に入れたということなのかもしれない。やっぱり武藤さんは凄いなと思います。これから、いろいろな新しいことが起こっていくんだと思います。

斎藤文彦
1962年1月1日生まれ、東京都杉並区出身。プロレスライター、コラムニスト、大学講師。アメリカミネソタ州オーガズバーグ大学教養学部卒、早稲田大学大学院スポーツ科学学術院スポーツ科学研究科修士課程修了、筑波大学大学院人間総合科学研究科体育科学専攻博士後期課程満期。プロレスラーの海外武者修行に憧れ17歳で渡米して1981年より取材活動をスタート。『週刊プロレス』では創刊時から執筆。近著に『プロレス入門』『プロレス入門II』（いずれもビジネス社）、『フミ・サイトーのアメリカン・プロレス講座』（電波社）、『昭和プロレス正史 上下巻』（イースト・プレス）などがある。

プチ鹿島
1970年5月23日生まれ、長野県千曲市出身。お笑い芸人、コラムニスト。大阪芸術大学卒業後、芸人活動を開始。時事ネタと見立てを得意とする芸風で、新聞、雑誌などを多数寄稿する。TBSラジオ『東京ポッド許可局』『荒川強啓 デイ・キャッチ！』出演、テレビ朝日系『サンデーステーション』にレギュラー出演中。著書に『うそ社説』『うそ社説2』（いずれもボイジャー）、『教養としてのプロレス』（双葉文庫）、『芸人式新聞の読み方』（幻冬舎）、『プロレスを見れば世の中がわかる』（宝島社）などがある。本誌でも人気コラム『俺の人生にも、一度くらい幸せなコラムがあってもいい。』を連載中。

アクセントはジダンと同じ

や団
中嶋亨
本間キッド
ロングサイズ伊藤

冗談じゃない！　締め切り直後に
オンエアだから結果がわからない！
キングオブコント決戦直前に語っていた
「優勝したらやりたいこと」

おもしろい人はなぜおもしろいのかを
調査する好評連載・第 34 回

収録日：2023 年 10 月 10 日　撮影：タイコウクニヨシ　聞き手：大井洋一　構成：井上崇宏

「ボクらは３人とも童貞を捨てたのは
ハタチを超えてからで、
それまで女の子と手も握ったことがない。
なんなら最初は風俗スタートだし、
モテない学生時代だったから
お笑いに興味を持つようになったんです。
早く結婚したいです」

kamipro

お笑い芸人が所属する事務所、SMAことソニー・ミュージックアーティスツといえば、芸人界の魔境。来る者拒まずの超個性派集団。

ハリウッドザコシショウを頂点とし、コウメ太夫やAMEMIYA、そしてやす子という放っておけないピン芸人から、錦鯉、バイきんぐというコンテストで頂点を極めた実力派芸人までそのメンバーは多岐にわたる。

SMAはスキンヘッドか変な格好をしていないと売れないのか、といった業界の定説を覆し、浮き上がってきたのがやや団です。

昨年のキングオブコントでインパクトを残し、今年も決勝進出へ！

この号が発売されている頃にはもう結果は出ていますが、目利きの大井、今年のキングオブコントはや団に賭けました！

果たして結果は!?（大井）

「兄貴が『これが本物の格闘技だ！』とか言って、ボクが小3のときに一緒にリングスの実験リーグを観に行きました」（本間）

本間　ついに念願の『KAMINOGE』に呼ばれた……。
――本間さん、大変お待たせしてすみませんでした（笑）。
伊藤　本当に念願ですよ。
――伊藤さんは念願ではないでしょ！（笑）。
伊藤　すみません。よく知らないです（笑）。
――さほど知らないですよね（笑）。本間さんはプロレスとか格闘技が大好きですもんね。
本間　ボクはいま40なんですけど、7つ上の兄貴の影響で初めて観に行ったのが小学校3年のときで、1993年2月のリングスの後楽園実験リーグなんですよ。後川聡之vs平直行。小3のときにそういうのを兄貴から観せられてるから、そういう人生になっちゃったというか（笑）。
――小3でいきなり実験リーグ（笑）。
中嶋　それで観に行ってハマったんだ？
本間　ハマるっていうか、兄貴が「これが本物の格闘技だ！」とか言ってるし、常に一緒にビデオとかで観てたから。それでのちにサンボをやったりして、前十字靭帯を切ったり大変なことになるんですよ（笑）。
――リングスが人生が狂うきっかけになったんですね（笑）。伊藤さんと中嶋さんはこっち方面はさほどですよね？
中嶋　何を言ってるんですか（笑）。ボクは本間とは中学からずっと一緒ですよ？
――そういえば先ほど、インスピリットのカバンをお持ちでしたね。

中嶋　あれは……人からもらいました。まあ、使い勝手がいいってことで（笑）。

本間　昔、リングスが年始にやってた道場での餅つき大会に、無料で餅が食えるからっていうことで無理やり中嶋を連れて行ったことがあるんですよ（笑）。

中嶋　「なんかデカい人が餅をついてるな……」と思ったら前田日明さんで。

本間　それで前田さんが餅をついてる横ではしゃいでたら、東スポの「今年もリングスの餅つき大会がありました」っていう記事の写真で、前田さんのうしろにボクらが写ってたりとかして。

中嶋　両国に観に行ったよね？

本間　あっ、行った。２０００年のＫＯＫトーナメントですね。

中嶋　でも、よくわかんなかったんですよ（笑）。

伊藤　ボクは中嶋さんよりは詳しいですよ。闘魂三銃士の時代にテレ朝で深夜にやっていたのは毎週観てたし、ファイヤープロレスリングを買って友達とやったりしてたので。

中嶋　伊藤はゲームは超下手なんですけど、唯一うまいゲームがファイプロなんですよ（笑）。

伊藤　しゃがんだときのコマンド入力さえ速ければ勝てるからね（笑）。

本間　だからボクもヴォルク・ハンを使って、投げては関節、投げては関節でクリティカルで勝ったときに兄貴にぶん殴られましたもん。すっげえストレスが溜まったみたいで「そういうゲームじゃない！！」って（笑）。

――や団といえば、去年のキングオブコントで決勝進出して第3位となって、やっぱりあそこで状況が変わりましたか？

本間　収入的なものはそんなにで、ちょい上がったくらいです。

伊藤　だから、ちょいバイトが減ってね。

――まだバイトはされてるんですか？

伊藤　本間はやってないんですけど、中嶋さんとボクは週1くらいでやってますね。べつに辞めてもいいんだけど、まだ給料が超微妙だからいちおうやってるみたいな。

――まだ安定はしていない感じですか？

伊藤　お笑いってムラがありますからね。

――それで最低限のバイト週1分は計算できるようにしておこうと。

中嶋　ボクは週1といっても、4時間だけラーメン屋でバイトしてます。ラーメンが好きなんで、基本はバイト代というよりはまかないのラーメンを食べるために働くっていう（笑）。

JAGURA
KOENJI SOUL FOOD
SINCE 2013

JAGURA
SINCE 2013

「バカリズムさんに『バイトを辞めるタイミングはどのくらいがいいですか？』とか聞いたりしましたね（笑）」（中嶋）

――キングオブコントに出たことで周知された部分って大きいですよね？

本間　そうですね。テレビで観ていた好きな芸人さんが逆にこっちを知ってくれてるってことが増えて、それがテンション上がりますね。あとは職務質問をされたときにずっとフリーターって言ってたんですけど、「芸人」って言えるようになった感じですよね。

伊藤　だってナンチャンさんとはお会いしたことがなかったのに、楽屋挨拶に行ったら「おー、や団！　おもしろかったよー！」って好意的に言ってもらえて、そんなの想像できなかったじゃないですか。凄くうれしいですよ。

本間　あるとき、喫煙所にバカリズムさんがいて「おはようございます！」って挨拶をしたら、「あっ、どうも……」みたいな感じだったんですけど、「あの、ソニーのや団と申します」って言ったら「あっ、や団！　めちゃめちゃおもしろかった！」って言って、めっちゃお話してくれてね。

中嶋　そこで「バイトを辞めるタイミングはどのくらいがいいですか？」とか聞いたりして（笑）。

本間　教えてくれたもんね（笑）。

伊藤　「やれるならやっていいんじゃん。俺もけっこうテレビに出てからもやってたよ」って。

中嶋　「あっ、そうなんだ!?」みたいな。

伊藤　だから無理してバイトを辞めなくてもいいかなって。

――コントのネタを書いてるのは本間さんですよね？

本間　はい。それでふたりから意見をもらって、ブラッシュアップしていく感じですね。

――キングオブコントで出した『雨』と『バーベキュー』は、もう磨き倒されたネタですか？

本間　やりまくりましたね。『バーベキュー』は第1稿のままやってもけっこうウケて、それで「これ、いいね」ってどんどんやっていたらさらによくなって。途中のシリアルキラーみたいに歌を歌うみたいなところは、せきしろさんが「ああいうヤツって鼻歌を歌いながらやるよね」って言ってて「あっ、それ、いい！」ってなって追加したりとか。だから人にも見せて、意見も採り入れながら相当磨きましたね。

――去年の決勝で2本ネタを消費してしまったことで、「今年はもうあのネタは出せないな」っていうピンチはないんですか？

本間　正直、去年で人生のナンバー1とナンバー2を出したんで、「それで優勝できねえのか……」となって落ち込んでいたら、「違うんだよ。凄く褒められたでしょ？　そうすると脳が活性化されて、もっといいものができるから大丈夫だよ」ってことを浜辺のウルフさんに言われて、その言葉を信じて生きようと思って（笑）。それで今年の準決勝まで行ったネタの1本は新ネタで、もう1本はボクらのたくさんあるうちの1本をブラッシュアップしてっていう形ですね。だけど3本目を何にするかですげえ揉めましたね。それで「みんなで2本ずつ言っていこう」ってなって。

――ちなみに分母（ネタ数）はどれくらいあるんですか？

本間　準決勝に8回くらい行ってるんで、そのぶんめちゃくちゃ叩くんで。

――準決勝まで行けるレベルのものはもう8個くらいはあると。

本間　そうなんです。それで「2本ずつ言おう」ってなったら全員が違うのを言って（笑）。

――さすが秀逸なネタをたくさんお持ちで（笑）。

本間　それで困っちゃって、最終的にいつも信頼しているキャプテン渡辺さんにネタを見てもらったんですよ。元Uインター練習生の（笑）。

――キャプテン渡辺さんは桜庭和志さんとの対談で『KAMINOGE』にも登場済みです。（笑）。

本間　それで最終的にキャプテンの一声に「あー、たしかにそれ、いいっスね！」となって、その1本になりましたね。

――じゃあ、納得の1本がいま決まっているわけですね。

本間　キャプテンに言われてからもまた叩き始めたら、自分たちでも「おー、これ、いいね」となってきて、ノッてきましたね。

――本当に全員野球というか、チームになっている感じなんですね。

本間　チーム・ソニーっていう感じで。

伊藤　無想転生というか、いろんな人の思いを背負ってみたいな。

「地下ライブの出演料は1000円とか3000円ですよ。それを三等分だから1000円だったらひとり300円」（伊藤）

――芸人としては当初、どういう志があったんですか？

本間　ボクはネプチューンさんが凄く好きで、ネプチューンさんみたいなスーパースターになりたかったんですけど、だんだん歳をとっていって「これは賞レースで勝たなきゃいけない」と思って、賞レースで勝てるようなコント師になろうっていう感じになり、いまネタ作りをやっていますね。

中嶋　ボクは『爆笑オンエアバトル』に出たいっていうのが

最初の夢で。

――それはワーキャー言われたいっていう？

中嶋　いや、ワーキャーというよりは芸人としてあの番組に出たいなと思ってお笑いを始めて、けっこう早めに出ちゃったんでそれから腑抜けましたね（笑）。

伊藤　そうして中嶋さんは最終目的がラーメンになって（笑）。

――そんなにラーメンが好きなんですか。じゃあ、中嶋さんはラーメン屋でバイトしながら芸人をやってるといういまの状況は、わりと苦ではない？

中嶋　ずっと苦しくないですよ。楽しくラーメンを食べ歩いてるんで（笑）。これがサラリーマンになっちゃうと平日の昼しかやっていないラーメン屋とかに行けないじゃないですか。この職業だとちょうどいいんですよ。じつは今日ももう食べてきてるんで（笑）。

――今日もすでに1軒行ってきた！（笑）。いま13時ですよ。

中嶋　13時からだから間に合うよなって、ちょっと埼玉の奥地まで行ってきました。東松山市の森林公園っていうところですね。

伊藤　めっちゃ遠いですよ。

中嶋　ちなみに味噌ラーメンを食べました（笑）。

――じゃあ、売れたい、自分の番組を持ちたい、お金持ちになりたいとかっていう欲はないんですか？

中嶋　もうないですね。

伊藤　だって、お目当てのラーメンを食いたいから八王子で出られるライブを探すとか、もはや順序が逆転してるんで（笑）。

中嶋　キングオブコントの決勝に行ってからは営業で地方に行けるじゃないですか？　そこでラーメンを食べるのがめちゃくちゃ楽しくて（笑）。

本間　1日に2、3食くらいラーメンを食べてるもんね。

中嶋　ずっとこの生活を続けたいから、とりあえずこのふたりをチャンピオンにしないと。

――それはどういう目線なんですか？（笑）。

伊藤　マネージャーじゃないんだから。中嶋さんもメンバーだから！（笑）。

中嶋　もうそういう目線ですよ。こんなおもしろいふたりなんで、さっさとチャンピオンになってもらわないと。

本間　たしかに営業に行く機会が増えて、この1年はめちゃくちゃ楽しかったんですよ。お笑いをより好きになったというか。

――それまでは地方に呼ばれたりとかはなかったんですか？　3人

中嶋　まったくないですね。

中嶋　だって飛行機の乗り方がわからなかったですもん（笑）。

本間　ずっと都内のいわゆる地下ライブに出て、とにかくネタを磨く感じでしたから。

――キャパ200人くらいの小屋っていっぱいありますよね。

伊藤　いや、200人もないですね。
本間　50とか100以内のところが多いです。
――そういう地下ライブの出演料っていうのは、チケットを買って出るライブもあると思うんですけど、いちおう呼ばれて出るライブではギャラが出るんですか？
本間　いまは出るようになって。
伊藤　いや、言っても1000円とか3000円ですよ。それを三等分だから、たとえば1000円だったらひとり300円で。
中嶋　交通費にも満たない額ですね。
本間　っていう感じですけど、付き合いもあるし、いまでも出ていますね。
――地下ライブとはそういうものだと。
本間　そういうもんです。それでもうちょっと前だとチケットノルマですよね。こっちが3000円を払って出演するっていう。
伊藤　その時代はトリオのほうが有利だって言われていて、たとえばノルマが2000円だったら2000円を3人で割るけど、ピンならひとり2000円だから「ピン、ざまーみろ！　俺らは痛くもねーよ！」とか言ってたけど、売れるとそれが逆転して「ピンがこれで、トリオもこれ？」みたいな（笑）。
中嶋　だからトリオは交通費がかかるから営業も呼ばれづらいんですよ。だったらピンとコンビを呼ぼうってなるから。

「auショップで人の機種変をしているときに『俺、何をやってるんだろうな……』と思って、またお笑いに戻ったんですよ」（伊藤）

――伊藤さんは芸人になるきっかけはなんだったんですか？

伊藤　ボクはダウンタウンさんが好きで、お笑いをやりたいなと思って始めましたね。

――最初はNSCに行かれてたんですよね。

伊藤　いちおう6期で入ったんですけど、1カ月も行かずに辞めちゃったんですよ。それで一度サラリーマンをやって、そこからまた25になって始めたんで、NSCは経歴に入れてないんですよね。

――サラリーマン時代はどんなお仕事を？

伊藤　auショップで機種変とかしてましたね。クレームがあったら「申し訳ございません」って。それで夢半ばのままauショップで人の機種変をしているときに「俺、何をやってるんだろうな……」と思って。「やっぱお笑いをちゃんとやりたい」となったんですよ。

――それでソニーの門を叩くんですか？

伊藤　たまたま「ネタ見せ募集」みたいなのをネットで見つけたらソニーがあって、それで行ったら「名前を書いてください」って言われて、名前を書いたらもう所属になっていたらしいんですよ。

――やす子さんも同じことを言ってましたね（笑）。

中嶋　ソニーは全員そうですね。

伊藤　こんな簡単に事務所に入れるとは思わないじゃないですか。ただネタ見せに行ったつもりで紙に名前を書いたのに「あっ、所属なんだ?」みたいな。

――でも、なんのツテもキャリアもないときに所属させてもらえるっていうのはありがたいですよね。

伊藤　そうですね。それから半年くらいピンでやってたら、や団がひとり抜けたんで声をかけてもらって入ったっていう感じですね。

――メンバーがひとり抜けたとき、どうして伊藤さんに声をかけたんですか?

本間　やっぱりネプチューンさんが好きでトリオにこだわってたんで、ひとり抜けたときに「どうしよう?」と思ってたら、ソニーは芸人が多いんで1軍から6軍まであって、ボクらは1軍でやってたんですけど、この人（伊藤）は6軍でビリとか取ってて（笑）。だけどウチのチーフマネージャーの平井さんから「ネタはおもしろくないけど、華と演技力があるヤツがいる。そいつを入れてみないか?」っていう話があって。

伊藤　先見の明がありますね（笑）。

本間　そうしたらちょうど抜けたヤツと身長がまったく一緒で、身体も同じフォルムだったんで、そのままこれまで通りのネタができると思って（笑）。

伊藤　だから最初はお客さんに気づかれなかったんですよ。

――ひとりメンバーが変わってることに!?（笑）。

伊藤　身長も同じでちょっと似てるってことで。

中嶋　マネージャーの見る目が凄いっスよね。いちばんビリを取ってるヤツのネタをちゃんと見てたっていうのも。

本間　そして一緒にキングオブコントの決勝まで来れましたからね（笑）。ボク、井上さんがどっかで言っていた言葉で凄く好きなやつがあって、「アントニオ猪木も長嶋茂雄も、スーパースターになる男は基本的にギャグセンスがない。だからギャグセンスがある自分はスターになれない」って。

井上　ええっ!?　それはボクが言ってましたか？（笑）。

本間　はい。絶対に言ってましたよ。ボクはそれを読んで「あっ、まったく俺もそうだわ」と思ったんですよ。

井上　いやいや、芸人さんはギャグセンスが命ですからね！（笑）。

本間　それを読んで、ボクもやっぱギャグセンスがあるからスターになれないんだなって。そうしたら……（笑）。

――追加でまたギャグセンスがないヤツが入ってきた（笑）。

伊藤　ちょっと待て、待て（笑）。

本間　だからギャグセンスがないから華があるんですよ。

中嶋　スターになれる条件だ（笑）。

伊藤　これさ、40になるヤツらが話すことじゃないよ（笑）。もうスターになるとかならねえじゃねえんだから。そういう話は20代までよ。ここから俺がスターになることはないから（笑）。

「最近、地下お笑い界ではちょっとした純烈みたいな感じになっていて、マダムたちが応援をしてくれてるんですよ（笑）」（本間）

――3人とも独身ですか?

伊藤　全員独身なんですよ。みんなで「結婚したい」って言ってて。めちゃくちゃ結婚はしたいですね。

――でもモテそうじゃないですか。

伊藤　いや、モテないから、モテるようになりたくてお笑いをやったし。ボクらは3人とも童貞を捨てたのはハタチを超えてからで、それまで女の子と手も握ったことがない。なんなら最初は風俗スタートで、彼女ができたのも21とかで、モテない学生時代だったからお笑いに興味を持つようになり。それで歳を重ねるとどんどん「結婚したい！」ってなってくるんですよ。

——若い頃は「もうちょっと遊んでからだな」と思っていたものが。

伊藤　そうです。以前はもう付き合わない、セックスだけしたいみたいな。「付き合って責任を負いたくないんだ。ただ、セックスはしてくれ」って言ったら、女の人にキレられましたけど。

——じゃあ、向こうが付き合おうとしてきたら「そのつもりはないよ」と言うんですか？

伊藤　「まあまあまあ……」って（笑）。それで「付き合わないなら本当に無理」って言った人には「じゃあ、付き合おう」って言って、そうしたらもうこっちは冷めますよね。

——なんでですか（笑）。

中嶋　クズですね。

伊藤　だから最低な感じでしたね。でも、いまはもうちゃん

と付き合いたいですね。付き合って、結婚して、子どもがほしいです。

——彼女はいらっしゃるんですか?

本間　ボクと中嶋は本当にいなくて。

伊藤　……(突然無言)。

——えっと、伊藤さんはいま彼女がいるってことですか?(笑)。

伊藤　(意を決して)いやね、ついこの間もこういう話になって、俺はいま付き合ってから2カ月目になる彼女がいるんですよ。べつにそれは言ってもいいと俺は思ってるんだけど。

本間　最近、ボクらって地下お笑い界ではちょっとした純烈みたいな感じで、マダムたちが応援をしてくれてるんですよ(笑)。それで凄い太いお客さんがもうこの人(伊藤)のことが大好きなんで、おかげさまでラジオアプリとかもずっとレギュラーで続けられていたりしてて。

——太いスポンサーがついてるわけですね（笑）。

本間　この人はひとりでスポンサー系を５口くらい持ってるんで（笑）。

——それは交際の発表も慎重に考えたほうがいいですね（笑）。

本間　だから、ちょうどきのうも「ロングに彼女ができたって言ったほうがいいのか？　でも隠すのも寒ぃしな」って話になって、結論が出ないまま、いまその話になって（笑）。えー、どうしよ？

伊藤　俺はべつに言いたいんですけどね。俺、彼女いるっス（笑）。

本間　でも、いまの感じはおもしろいから載せちゃってもいいかな（笑）。

伊藤　本当に書いてください。もう大丈夫です。

本間　『KAMINOGE』なら、やっぱこれぐらいでNGにしちゃったらスべっちまうから（笑）。

——ラジオの存続をかけてまでして、ありがとうございます（笑）。ちなみにどういった彼女なんですか？

伊藤　27ですから俺と15歳差ですね。福岡の方で。

——福岡在住なんですか？

伊藤　いや、こっちに来たっスね。

——どうやって知り合ったんですか？

伊藤　それは、DMが来ましたね。

中嶋　えっ、ファンなんだ？（笑）。それは知らなかったなあ。えっ、向こうは付き合うために東京に来たの？

伊藤　いや、付き合うときはもうこっちで勤めていて、ライブも何回か観に来てくれて、それで一度福岡に帰っちゃって。そうしたら「東京に行くから一緒にご飯食べませんか？」ってことで食べて。それでＬＩＮＥを交換して、再就職でまた福岡から東京に来るってなって。そういうやりとりが1年ぐらいありましたね。

「彼女がほしいからDMを開放しているのに『本間さんはかわいいからメガネをかけるといいと思います』っておじさんから来ました」（本間）

中嶋　キングオブコントのあと？

伊藤　あと。終わった直後くらいにDMが来て。それでライブに何度も出てたじゃん。それを観に来たりしてて。

——じゃあ、顔は認識していたわけですね。

伊藤　認識してましたね。でもまだ2カ月なんで安定期に入っていないですからね（笑）。

——ほかのおふたりは、キングオブコントに出てからそういうDMが来たりとかは？

本間　DMとかはけっこう来るようになって、でもライブに来てくれるお客さんとやりとりする感じですね。あとボクの場合は「メガネをかけたほうがいい」ってDMで言われたりとかしてますね。

中嶋 メガネ？

本間 ボクはラジオとかでも「DM開放してます！ 彼女ほしいです！」って言ってたから、そのラジオの生放送が終わった直後に「本間さんはかわいいからメガネをかけると凄くいいと思います。キングオブコントの2本目の雨のネタでかけていたメガネがかわいくて、私も凄くタイプで」って書いてあって、凄いドキドキしながら読んでて「芸能人の方にDMを送るのは初めてです。こんなおじさんからおじさんへのメールですみません」って、「おじさんかよっ!!」って（笑）。もうそんなんばっかなんですよ。なのでメガネをかけるのはやめました。

中嶋 ボクの場合だと、とにかく「○○駅でおいしいラーメン屋さんはありますか？」みたいなのがいっぱい来ますね（笑）。

――三者三様ですねえ（笑）。

中嶋 そういうラーメン関係の質問と、あとはライブのチケットの取り置きとか事務的なものはだいたいボクにDMが来ます。

――そういう窓口になってると。ボクは3人のなかで中嶋さんがいちばん頭がおかしいのかなと思ったんですけど、わりとちゃんとしてるんですね。

本間 ちゃんとしてるところはちゃんとしてるんですけど、頭もおかしいところはおかしいんで。

中嶋 おかしくないですって。

本間 だってキングオブコントの決勝当日に、その時期って大久保公園で大つけ麺博をやってて、そこに出店してる100店舗くらいを絶対に制覇したいと。だから決勝の日も「今日3杯食べないと100杯に間に合わないから」ってことで行ってるんですよ（笑）。

中嶋 間に合わないんですよ。

本間 それでギリギリまでその3杯を食ってて、しかも「ちょっと並んでるから時間がかかる」みたいな感じで連絡してきて（笑）。

中嶋 「ちょっと遅れるわ」って言って（笑）。

本間 それでボクらはけっこうギリギリで入って、いままでのファイナリスト史上でいちばん遅い入り時間だったって言われるくらい直前までラーメンを食ってたりするんですよ。

「一度ラーメンが食べられない彼女がいて凄く苦痛だったんですよ。もし付き合うならラーメンが食べられるコがいいです」（中嶋）

――じゃあ、本番は腹パンパンでネタをやってるわけですね（笑）。

中嶋　そうですね。だって早く入ったからってやることないじゃないですか（笑）。リハも前日にやってるし。「みんな、そんなに早く行って何をしてるんだろう?」って。だったらラーメンを食ってるほうがいいやと思って、ラーメンを食べ終わって新宿の街を歩いてたらトム・ブラウンの布川さんとバッタリ会って、「なにやってんの!」って怒られました（笑）。

――アハハハハ。中嶋さんも彼女がほしいなと思うんですか?

中嶋　なんかいまはどっちでもいいなって感じですね。ラーメンを食べたいんで。

――そこは両立できないもんですか?（笑）。

中嶋　もし彼女がいて、じゃあ週1とかで会うって考えると、ラーメンを食いに行けなくなっちゃうなって。一度ラーメンが食べられない彼女がいて、それが凄く苦痛だったんで。

伊藤　じゃあ、一緒にラーメン屋に行けるコならいいってこ

とでしょ？

中嶋　まあ、付き合うんだったらラーメンが食べられるコがいいですね。

――条件のひとつとして。

中嶋　嫌じゃないですか？　ラーメンを食べられない女（笑）。「私、ラーメン食べられないよ」って言われたときはもうビックリしましたよ。本当に結婚を考えるくらいほかは全部完璧な人だったんですけど、それで別れました。

――ラーメンの不一致で！（笑）。

中嶋　はい。ラーメンの不一致で（笑）。

――今年決勝で優勝したら、もう一段上がるわけじゃないですか。いわゆる芸能人になっていくわけですよね。

本間　なれたらいいんですけどねえ。それでボクは倍賞美津子的な芸能人と結婚したいですね。

――倍賞美津子的なって、自分を猪木だと捉えてるんですね（笑）。

本間　当時のバイミツさんってめっちゃ綺麗じゃないですか。猪木さんもめちゃくちゃカッコいいし。

伊藤　それは俺にもわかる。

本間　子どもと3人でご飯を食べてるときの写真があるんですけど、倍賞さんがちょっと肌が焼けてて、すっごいセクシーなんですよね。しかも猪木さんにとってアゲマン的なところがあるじゃないですか？　ボクもそういう人がいいですね。

――やっぱり芸能人と付き合いたいなっていうのがあるんですね。

本間　ボクはまだあきらめてないです（笑）。

伊藤　本間さんはそれが強いっスよね。

本間　芸人になったからにはやっぱり芸能人とお付き合いしたいっス。

――いま頭にある候補は誰ですか？

本間　いや、山里（亮太）さんが蒼井優さんと結婚したみたいに、いきなり広瀬すずさんとか綾瀬はるかさんクラスとか。そういう「ウソでしょ!?」みたいなのがいいか、あるいはオリンピックの金メダリスト。ボク、女子アスリートが好きなんですよ（笑）。柔道の阿部詩ちゃんとか出口クリスタさんとかかわいいじゃないですか？　昔で言うと山本美憂さん、山本聖子さん。元シンクロ日本代表の青木愛さんとかね。芸人でトップアスリートと結婚ってあまりないんで。

伊藤　絶対にないよ。

本間　ボクがいま広瀬すずさんとか自分で言っててピンと来てなかったのは、「あっ、そうだ！　俺、アスリートが好きだったな」と思って（笑）。

中嶋　いいね。それはちょっと夢があるなあ。絶対にあっちは芸人みたいなのは嫌いだもんね（笑）。

本間　絶対に嫌いじゃないですか。

「青木愛さんはやんちゃで笑顔が子どもっぽい人が好きみたいで、俺はいけるなと思ってるんですよ」（本間）

――でも向こうは向こうで「海外の遠征中にネタを観てます」みたいなのがあるじゃないですか。

本間　お笑いもけっこう好きですもんね。

中嶋　じゃあ、チャンスがあるのかな？

本間　これは言っていいかわからないですけど、お見送り芸人しんいちが武井壮さんと仲がいいんで、ボクがキングオブコントで優勝したら武井さんにお願いをして、青木愛さんに会わせてくれるって言ってるんで。もうマジで優勝したいっスね（笑）。

――じゃあ、いま力んでるんですね（笑）。

本間　はい（笑）。青木愛さんはなんかやんちゃなタイプ、子どもみたいな笑顔の人が好きだって言ってたんで。

伊藤　じゃあ、合うじゃん。

本間　「あれ、これ、合うな！」と思ってるんですよね。笑顔が子どもっぽい人が好きみたいなことを言ってて、俺はいけるなと思ってるんですけど。

伊藤　笑顔じゃなくて素で子どもっぽいじゃん。

中嶋　ボクは芸能人は絶対に嫌ですね。でもアスリートがいいっていうのはわかるんですよ。

本間　アスリートはいいでしょ？

中嶋　うん。芸能人って我が強くないと無理じゃないですか。そういう我の強い女性が好きじゃないんですよ（笑）。

――じゃあ、大食い系はどうですか？

本間　フードファイターね。

伊藤　一緒にラーメン食えるじゃん。

中嶋　いや、ちょっと大食いは嫌ですねえ。危険物てぃらてぃらのちなていっていう大食い芸人がいて。

伊藤　けっこうかわいいんだよね。

中嶋　それでよくラーメンを食べてて、二郎系が好きだって言うから「じゃあ、一緒に行こう」ってことで行ったら、ボクの3倍くらい食うんですよ（笑）。それでまわりから「アイツ、しょぼいな」みたいな目で見られたので大食いは絶対に嫌で。あと一度カウンターで、力士、ボク、ちなていの並びになったときがあって、「もう嫌だ！」と思って（笑）。

伊藤　でも、べつに中嶋さんは量で勝負してるわけじゃないじゃん。

中嶋　してないんだけどね（笑）。でも、やっぱ普通くらいのコがいいですね。

——将来的にはラーメンで商売したいなっていうのはあるんですか？

中嶋　食べるのが好きなだけで、べつに作りたいとは思わないですね。

伊藤　でも1回ちょっとした企画でラーメンを作ってもらったときに、自分で豚骨を砕いてコトコトやって食ったら、本当に天一と同じレベルだったんですよ（笑）。

——えーっ!?

本間　「めちゃくちゃうまくね!?」と思って（笑）。

伊藤　「天一じゃん！」っつって（笑）。

中嶋　自分でもビックリしましたよ（笑）。

「本当はジャンクなものが大好きだけど、ボクが身体を壊すとラーメン界に影響が出るので健康だけは維持したい」（中嶋）

伊藤　あれはめちゃくちゃうまかった。だから作れるのは作れるんですよ。

中嶋　でもボクは作るじゃない。食べたいんですよ。

本間　やっぱ食べ歩きがいいんだね。

——でもラーメンで集合時間に遅れるとか、ちょっと芸事にも影響が出ているじゃないですか。お笑いとラーメン、いまはどっちが上なんですか？

中嶋　ちょっとやめてくださいよ、その質問は（笑）。

伊藤　おい！　頼むよ！　そこは即答してくれよ！（笑）。

中嶋　ラーメンですよ（きっぱり）。マジでいまはラーメンっスね。

本間　マジかよ。

——でも、ある程度食べ尽くしたんじゃないですか？

中嶋　食べましたね。でも新店がどんどんできてますから、それにまた行って。そして、そこで修行した人がまた店を出すってなって「あっ、そっちにも行かないと！」って。もう終わらないんですよ。

伊藤　しかも飽きないんだよね。

中嶋　飽きない。楽しい～。

——じゃあ、稼いだお金もラーメンに使う感じですか？

中嶋　はい。もう全部。だから普段はめちゃくちゃ節約するよね？

伊藤　地方に行ってラーメンを何杯も食って、ラーメンでの出費がバイトの収入を上回ったときがあったんだよね。

中嶋　山形に1泊2日で行ったときとかは14杯とか食べたんで。だからお笑いをがんばって、もっとタダで地方に行って、たくさんラーメンを食べたいですね（笑）。

本間　本当にラーメンのために節約してるから、普段の飯は安いお店で買ってきて食うとか、いつも飲んでるものが見たことがないメーカーのコーヒーとかばっかりで（笑）。
中嶋　そうなんですよ。いまはラーメンも高いんで。
本間　あとはラーメンをいっぱい食べるために野菜とか健康にいいものを食べるっていうね。
中嶋　本当はジャンクなものが大好きなんですよ。でもボクが身体を壊すとラーメン界に影響が出るというか。「あれだけラーメン食べてるヤツが身体を壊したんだから、ラーメンのせいじゃないか」って、少なくともコイツらには絶対に言われるんで、絶対に健康だけは維持したいですね。
――がんばってください。とにかく今年のキングオブコントは大勝負ですね。
本間　今年は本当に決めちゃいたいですね。優勝して、たくさんあるネタをひっさげて単独で全国ツアーとかをやりたいです。
伊藤　それはいいね。
中嶋　いいねえ。札幌、福岡、喜多方とかね。
――ご当地ラーメンツアーで（笑）。
中嶋　喜多方公演はやりたいですね（笑）。
伊藤　あんま聞いたことないよ（笑）。
――や団がイベントをやるってことは、ここらへんにうまいラーメン屋さんがあるんだなって（笑）。それではキングオブコントでのご健闘をお祈りしています！

や団
SMA NEET Projectに所属するお笑いトリオ。キングオブコント2022第3位、2023ファイナリスト。

ロングサイズ伊藤（ろんぐさいず・いとう＝写真・左）
1975年4月3日生まれ、埼玉県富士見市。や団のボケ・演技担当。
趣味はスポーツ全般、特技はハーモニカ。付き合って2カ月の彼女がいる。

本間キッド（ほんま・きっど＝写真中央）
1982年12月23日生まれ、埼玉県富士見市出身。や団のツッコミ・ネタ作り担当。
芸名の由来はダイナマイト・キッド。趣味はプロレス・格闘技観戦、Tシャツ収集。

中嶋享（なかしま・とおる＝写真・右）
1982年6月23日生まれ埼玉県三芳町出身。や団のボケ担当。
特技はバスケットボール。趣味はラーメン屋めぐりでバイト先もラーメン屋である。

大井洋一（おおい・よういち）
1977年8月4日生まれ、東京都世田谷区出身。放送作家。『はねるのトびら』『SMAP×SMAP』『リンカーン』『クイズ☆タレント名鑑』『やりすぎコージー』『笑っていいとも!』『水曜日のダウンタウン』などの構成に参加。作家を志望する前にプロキックボクサーとして活動していた経験を活かし、2012年5月13日、前田日明が主宰するアマチュア格闘技大会『THE OUTSIDER第21戦』でMMAデビュー。2018年9月2日、『THE OUTSIDER第52戦』ではTHE OUTSIDER55-60kg級王者となる。

KOENJISOUL FOOD
SINCE 2013

兵庫慎司のプロレスとまったく関係なくはない話

第101回 みんながみんな、何かの病気

兵庫慎司

兵庫慎司(ひょうご・しんじ)1968年生まれ、広島出身・東京在住、音楽などのライター。他に思い当たる自身の病気としては「腕時計を持ち込んで時間を計測しながらでないとサウナに入れない」など、いくつかありますが、この「空にしないと気がすまない」が、いちばん深刻なやつです。なお、この原稿を送ったら、井上編集長から返信が。「ありがとうございます。次号の表紙ロゴ上キャッチは、『男はみんな病んでるマン。』です(笑)」。まさかかぶるとは。

という今回のタイトルは、2015年の10月クールの深夜に、テレビ東京で放送されていた、コントドラマの副題である。正式なタイトルは『SICKS～みんながみんな、何かの病気～』。ギャラクシー賞の月間賞を授賞した、今をときめく佐久間宣行プロデューサーの仕事です。本誌でおなじみの大井洋一氏も、確か参加してたんじゃなかったっけ、と思って調べたら、やはり「脚本」のひとりに名を連ねておられました。

で。当時、このタイトルを知った時、番組の内容云々以前に、「うまいなあ」と、感心したのだった。確かにそうよね、みんな病気よね、と。

血圧や「γGTPの数値が気になるとか、メンタルがやられて通院&投薬中とか、そういうちゃんとした病気(という言い方もなんだけど)ではなかったとしても、誰もがどっかしらに「何かの病気」と呼ばざるを得ないような、言動や思考やクセのひとつやふたつ、抱えておられるものなのではないか、と。

たとえば、盗癖がある人っていますよね。借金がかさんでカネに困っているから、とかならまだわかるが、そうじゃないのに、目の前に金目のものがあると、つい盗っちゃう、盗らずにはいられない、という人。

同じ業界の顔見知りで、何年かごとに会社を移っていく人がいた。あの人、転職多いよね。え、知らないんですか? あいつ、盗んじゃうんですよ、勤め先に置いてある現金とか。ええっ、そんなにカネに困ってる人なの? いや、そうじゃなくて、ただ盗っちゃうんです、クセで。それがバレて会社にいられなくなって、次んとこに移るんですよ。はああー、まさに文字どおり「盗癖」なのね。と、いうようなやつ。

「〇月△日、×××のギターが盗まれました。こいつが犯人です!」という殴り書きと共に、防犯カメラの映像をプリントアウトしたやつが、ライブハウスの楽屋に貼られているのを、何度も見かけたことがあるが、これもそうだ。プロの泥棒が狙いすまして犯行を行うこともあるが(楽器を積んだ機材車ごと盗まれるようなやつはそれです)、こういう奴の場合、そうではなくて、売り払えば数十万円になるものが、無防備に楽屋に置いてあるのを見るとスルーでき

なくなる、という病なのだと思う。

数年前、某バンドを突然クビになったメンバーがいて、実は理由がそれだったことを後で知り、びっくりしたものです。そいつにとっては、札束がポンと置いてあるように見えるんだろうな、と考えると、わからないでもない気がする。いや、絶対やりませんけども。

というような、犯罪的なやつではないが、自分にもある。「もうこれ病気だよなあ」という自覚はあるのに、治らなくて弱っている言動が。40をすぎてから、ようやく気がついたのだが。ええと、それはですね。

目の前に出されると、空にしないと気がすまない。

という病気です。飲み屋のカウンターとかで、会話を楽しみながら、30分くらいかけて一杯の酒を楽しむ、ということが、自分はできないのだ。食い物も同じくで、時間のない時の立ち食いそばみたいに、出されたら最後、皿が空になるまで食べ続けてしまうのである。

だから酒の場合、すぐ酔っぱらうし、酔うとますますそのペースが上がって、過剰に飲みすぎてしまう。地元広島に帰省した時、友人がやっているお好み焼き屋に行ったら、新しく入ったアルバイトの女の子が、「この人はただただ私にウケたくて、こんなに超速でハイボールを飲んでいる」と思い込んでしまい、真剣にたしなめられた。店長（友人）が、「違うんよ、この人はこういう人なんよ」と助け舟を出したが、信じてくれませんでした。

あるいは。しょっちゅうは行ってないが長年は行っている、渋谷のワインバーのカウンターで、マスターと歓談しながら長居していた隣の女性ふたりが、お会計をして帰る時。

その金額が耳に入って、驚いた。安い。安すぎる。彼女たちが去ってから、マスターに訊く。「あの人たち、どれくらいいたの?」「え? ああ、2時間は経っていない、くらいですかね」「えっ? そんなにいて、お勘定、あの金額だったの?」「はい、おひとり2杯くらいですから」「そ、それでそんな長時間?」「はい。普通ですよ」「それが普通だとしたら、俺なんかすげえいい客じゃん」と、言ったところ。

「何言ってるんですか。そうですよ!」

と、あたりまえに言い放たれたのだった。20年以上通っておいて、今さら何? くらいの感じで。むしろ、僕にその自覚がなかったことの方に、驚いておられました、マスター。

なんで自分がそうなのか、わからない。三人兄妹で食い物を奪い合いながら育ったからかな、と思ったこともあったが、妹ふたりは、全然そんなことないし。両親も然りだ。

そういえば先々月、連載8年半にして初めて、本誌井上編集長と飲みに行った。大変に楽しかったのだが、それっきり二度目が開催される気配がゼロなのも、そのあたりに原因があるのかもしれない。よく言われるし、「あんたと飲むとつられてペースが上がって散財するし二日酔いになるからイヤだ」と。

私はどうしたらいいのでしょうか。って、そんなの、酒も食い物も、とにかく意識して、ゆっくり飲み、ゆっくり食べるようにするしかないんですが。

KAMINOGE COLUMN

LOCK!

NO FACE GYM代表

朴光哲

我らが朴光哲が東京・上野に
待望のジムOPEN!
カルマの清算として皆様の
心身の健康のお手伝いをして
最終的に天国に行こうとしております。

収録日：2023年10月6日
撮影：タイコウクニヨシ
聞き手：井上崇宏

「いろんな意味で格闘技を抑止力として
使ってもらえたらいいですよね。
ケンカとかはしちゃダメっスけど、
自信がつくし、心の余裕につながる。
ウチの必須科目さえ極めれば
何か有事の際にはどうにかなります（笑）」

TITLE

「ウチのジムはラクして痩せるトレーニングもやってるんで、『KAMINOGE』読者もぜひ（笑）」

――朴さん、NO FACE GYMオープンおめでとうございます！

朴　ありがとうございます（笑）。

――『KAMINOGE』は取材に来ないと思っていたでしょ？（笑）。

朴　いやいや、さすがです。

――オープンしてすぐに『ファイト&ライフ』の取材を受けられていたので、紙の告知はもう十分なんじゃないかと思ったんですけど、よくよく考えたら読者がひとりもかぶってないですね（笑）。

朴　たしかに。あっちはちょっとさわやかな感じですもんね。

――たぶん読者は自分も汗をかきたいって人たちですもんね。こっちはいかにラクをして生きるかに命をかけてるんで（笑）。

朴　でもウチのジムはラクして痩せるトレーニングもやってるんで、『KAMINOGE』読者もぜひ（笑）。というか、いま格闘技めっちゃ盛り上がってないですか？　ブーム来てるんだなって思ってるんですけど。

――たぶん何度目かのブームの真っ只中ですよね。

朴　ボクはその何度かのブームを経験してるんで。最初に立ち会ったブームが（佐藤）ルミナさんのときで、そのあとがPRIDEとかで、それとKIDさんと魔裟斗さんのときと。そのあとがちょっと……。

――しばらく冬の時代があり。

朴　そこから、いままた来てるなっていうのを感じてるんで、そこにボクも乗っかって行きたいなって（笑）。いまっていろいろあるじゃないですか。ブレイキングダウンしかり。このブームが来てるのをちょっとでも長引かせたいなっていうか、もうブームで終わらずに定着してほしいっスよね。競技としても、生活の一部としても。

――いまは都内にも格闘技ジムがけっこうありますよね。

朴　あるっスね。みんな出してるじゃないですか。だから数あるジムの中からウチのジムを選んで来てくれる人なんかは凄くありがたいっスよね。このあたりもけっこう激戦区になってきてるからうまく棲み分けをして、近くのジムとは提携とかしながらやっていきたいなって。昔はジムも限られていたじゃないですか。それがいまはどこの駅にもってわけじゃないですけど、柔術の道場とかも合わせたらけっこう。

――だって昔は総合をやりたくてもジムがないから、とりあえずキックを始めましたみたいなパターンも多かったですよね。

朴　たしかに。まさに最初ボクも総合をやりたいけどなかったから、ボクシングに行ってたんで（笑）。だから、いい状況っスよね。

――朴さんは現役を引退してからどれくらい経ちましたっけ？

朴　2年ちょっとですかね？

――もうそんなに経つんですね。

朴　そこから下積みを経て、ようやくジムが出せて。

――その下積みの2年というのは、ずっとパーソナルとかをされていたんですか？

朴　そうっスね。五反田のKIZUNA BASE GYMを間借りさせてもらってパーソナルトレーニングの指導を。引退してすぐにクラファンをやって、そこでパーソナルのお客さんを募って、KIZUNA BASEでトレーニングしてもらってっていうのが最初で。

「ちょっと敷居が高いイメージがありますよね？もしかしたらかわいがられるんじゃないかみたいな（笑）」

――風の噂で、朴さんのパーソナルがめっちゃ人気だと聞いてました。朴さんにパーソナルを受けたい人たちっていうのは、どういうタイプが多いんですか？

朴　凄く幅広いんですけど、自分と同年代くらいのおじさんの層がいちばん多いかもしれないですね。ボクのYouTubeチャンネルの視聴者も35〜45歳くらいがゴールデン層みたいな感じで、若者はあまり観ないし、女子に関しては1パーセントいないらしいんで（笑）。

――女子に死ぬほど人気のないチャンネル（笑）。

朴　はい（笑）。だけど、ありがたいことにパーソナルのほうは女性も受けに来てくれていますね。

――やっぱり体力増進や運動不足解消を目的とした一般の人が多いんですか？

朴　そうですね。でも、それもどっちみち教えるんだったら倒せるパンチ、殺人パンチを教えながらやるっていう（笑）。それで、その形さえ覚えてくれたら自分ひとりでも練習ができるので、感覚で伝えるのではなく凄く細かく教えるようにしてますね。

――いま格闘家でパーソナルの指導もやっている人って少なくないですよね？

朴　けっこういるっスよね。だからすでにジムをやっている諸先輩方とかも、一般の会員さんは夕方からしか来ないので、それまでの時間はパーソナルに使ったりっていうパターンが多いですね。このジムもそういう感じでやっていきたいなと思ってるんですけどね。

――朴さんに関しては、現役の頃から「いつか自分のジムを出したい」って言ってましたよね。

朴　そうっスね。まず、自分が運動してなかったらノイロー

Please LOOK!

ゼになっちゃうんで、第一に自分が鍛える場所の確保ですよね（笑）。だからこそ全部を鍛えられるようにこだわってこのジムは作られたみたいな。かつてKRAZY BEEのマットスペースのいちばん右奥が朴スペースみたいになっていたあれを再現した感じですね（笑）。

——男のガレージみたいなノリで。

朴 そうそうそう。まさにガレージジムを目指して、ここでなんでもできるようにどんどんしてやろうかなと思ってますね。

——内装からマシンまで、本当に朴さんのセンスがまんま反映されたような空間ですよね。

朴 異空間を作りたいなと思って。ただ、ちょっと敷居が高いイメージがありますよね？

——と言いますと？

朴 わかんないですけど、かわいがられるんじゃないかみたいな（笑）。

——ここに来たらヤキを入れられるんじゃないかと（笑）。

朴 そうそう（笑）。

——そんなわけはないんですよね？（笑）。

朴 全然ないです。もう手取り足取りやさしくがモットーですから（笑）。やっぱりみんな勘ぐるんですよね。知り合いも「行きます、行きます」って言ってて来ないですから。むしろ知り合いのほうが勘ぐる人が多いですね。やっぱ自分にしごかれて、いきなりスパーとかやらされるんじゃないかとか（笑）。でも本気で格闘技をやりたいとなったら、どうしてもハードになっていきますから、むしろそれには応えたいっていうマインドで。天井がない感じで、強くなるためにはなんでも採り入れてやっていきたいなと思ってます。

——一般会員の指導と、プロ選手も育てていく感じですか？

朴 いま、すでに格闘家になりたいって言ってる若者が来て練習をやってるんですよ。彼らを育てつつ、一般会員さんのストレス発散や健康みたいな部分にも応えつつ、うまく両立していきたいなと。スーパー初心者で運動なんてやっていないって人から、けっこうガッチリやってますっていう人までオッケーです。

「いちばんは自分が身体を動かすことが大事だから、ボクのプライベートジムをシェアするみたいな感じでいけたら」

——ここでたとえば、自分のようなボンクラが「朴さん、ここに入会します！」ってなるようなプレゼンをしていただけたらと思うんですけど（笑）。

朴 なるほど（笑）。やっぱ井上さんに限らず、みんな要点を押さえたというか「これだけやっておけば」という効率のいいトレーニングを日々探しているわけじゃないですか？ 自分も基本はラクしたいタイプの人間なので、いかに効率良く強くなるかっていうのをずっと求めてきたから、そういうところのアドバイスができます。「これだけやっておけば健康が手に入るよ。身体も調子がいいよ」っていうのがあるんですよ。それを伝授するので、するとかならず「もうジムに来ないと気持ちが悪い」ってなるんですよね。そうなったらこっちのもんですよね。

――朴さん、ここに入会します！（笑）。

朴　まだ早い（笑）。それと自分が教えられるストレッチなんかも教えて、腰とかヒザとか肩とかが調子悪くてもある程度はよくなるんで。ここで「絶対に治ります」とか言っちゃうとナントカ法にひっかかっちゃうんで言わないですけど（笑）、絶対に改善はされますよと。あとは食事指導。これも簡単で、決め事を作っちゃえば、あとは本人がそれをやるかやらないかだけっていう感じなんですけど、大事なことはこっちがいかに続けられるようなプログラムを作ってあげられるかっていうところだと思いますね。

――さっき、朴さんにかわいがられるんじゃないかと心配する層がいることをお聞きしましたけど、ここで朴さんの人間性をあきらかにしておきたいんですよね。近しい人たちはみんな知ってますけど、朴さんって凄く感覚がまともな人ですよね（笑）。

朴　そう、まともなんですよ。見た目はまともじゃないですけど（笑）。

――でも朴さんの魅力は、そこのギャップ萌えじゃないですか（笑）。

朴　そうなんですよ（笑）。でも、そこは徐々に伝わってきていると思うんで。若いコたちもいっぱい入って来てますし、女性会員がまだ少なめなので、これから女性にもどんどん入ってもらって。だけどこのジムのネックはジェンダーフリー更衣室と、ジェンダーフリーシャワーなんで（笑）。

――要するに1個ずつしかないと（笑）。

朴　だから、そこらへんは現代っぽく許容してくれる人だと助かります（笑）。女性インストラクターとかにも来てもらえたらいいなって思ってるっスね。

――ちょっと話は変わるんですが、格闘家の引退後の人生っていろんなパターンがあると思うんですけど、そのなかでじつはジム経営ってめちゃくちゃハードなんじゃないかって気がするんですよ。労力とか手間暇を考えたら絶対に割があわなそうというか。

朴　まあ、都内だったらちょっとハードルが高いかもしれないですね。でも地方とかだとうまくいってる人もいっぱい見てるんで。

――地方だと都内よりも競合が少なくて、家賃も安いからってことですかね。言ってしまえば料金の相場はほぼ同じ感じですもんね。

朴　そうなんですよ。地方だからって月会費３０００円っていうわけじゃないじゃないですか。だからゆくゆくは東京からちょっと離れたとこあたりに合宿所とかも作りたいんですよ。断食道場じゃないですけど、痩せる、強くなるっていう施設を。そことここの二重生活をしたいなって（笑）。あとは海外進出も。タイとかにジムを出したいですね（笑）。

――ノーフェイス・バンコク（笑）。

朴　だからさっきの話ですけど、たしかにジム経営って割にあわないかもしれないですけど、自分が運動し続けないと潰れていっちゃうんで、自分もトレーニングをやりながらコミュニティとして共有できたらいいのかなと最初から思ってて。いちばんは自分が身体を動かすことが大事だから、ボクのプライベートジムをシェアするみたいな感じでいけたらなと。ここは筋トレも格闘技もなんでもできるんで、そんな感じでやっていきたいっスね。本当はここを相撲部屋みたいにしたかったんですけどね。

――また次から次へと……（笑）。どういうことですか？

朴　マジで相撲も採り入れたかったんですよ。四股を踏んで、相撲を取って。相撲って健康じゃないと取れなくて、相撲ってガチでできるじゃないですか？　打撃とかＭＭＡのスパーリングはなかなかガチではできないですけど、相撲だったら老若男女がガチでできるんで、それって凄くいい運動になると思うんですよ。だからもし2店舗目を出すときは土俵を作りたいなと（笑）。

「練習をやったらマジで真っ白になれますから。真っ白になったら日頃のストレスとか全部飛ぶんで」

――マジの相撲部屋（笑）。

朴　服の上から着けられるまわしを作ってもらって相撲を取るっていう構想があるっスね。2店舗目はジェンダーフリー更衣室じゃなくて、ちゃんと男女を分けて（笑）。

――女将さんも常駐で（笑）。

朴　そう。ボクが親方になって、女将さんもいて、終わったらみんなでちゃんことか食えたら最高じゃないですか。

――これから大変だなあ。合宿所、海外進出、相撲部屋と（笑）。

朴　さすがに相撲部屋は怒られちゃいますかね（笑）。

――どうなんですかね。新日本相撲協会みたいなことですよね？（笑）。

朴　あっ、いいっスね、それ（笑）。新日本相撲協会を立ち上げたい。ボクは小さい頃から相撲が大好きだったんで、中学のときも相撲ばっかやってて同級生から嫌われるっていう（笑）。

——ボクはそんな相撲が大好きな朴さんのことが大好きだってことを、ここでもっと伝えたいんですけど、ボクらのまわりの男たちはみんな朴さんのことが大好きで、みんな朴さんになりたいと思っています。

朴　そんなことないですよ（笑）。

——それは本当です（笑）。

朴　でもそう言ってもらえたら、もし格闘技をやりたい人がいれば一緒に強くなるために研究とかをやって切磋琢磨できるかなって。とにかくボクは教えたりすることが好きなんで。

——ちなみに、また試合がやりたい、現役復帰したいと思うことってありますか？

朴　まあ、正直それもあるっスよね。ただ、まだちょっとヒザとかが痛かったりするんで、いまは治す作業をしてますね。ただ、50を過ぎちゃうとやっぱりノレないじゃないですか。「あんなおっさん出すなよ」みたいな（笑）。だから50になる前に何かしらできたらいいっスけどね。それか自分でやっちゃうか（笑）。

——復帰の舞台を自分で作るっていう（笑）。

朴　そうそう。週末はここでステゴロでファイトクラブみたいな。それを生配信して小銭を儲けようかな、みたいな（笑）。

——いやでも、全然ありですよね。

朴　ＶＩＰ席とか取ってもらえたらお酒とかも出して、シャ

ンパンも売って。まあ、言い方はＶＩＰ席じゃなくて砂かぶり席で（笑）。でもやっぱみんな格闘技には興味があるけど、なかなか敷居が高かったりしますよね。

――正直、始めるまでの躊躇する時間は長い気がします。

朴　たしかに。でも入っちゃったらもう絶対にハマっちゃうんで。そういうことってあまりないじゃないですか。スパーリングとかも最初はみんな怖がるんですけど、スパーリング5分とかになると、そこでの運動量をほかのトレーニングで出すとなれば相当いろんなことをやらなきゃダメなんですよ。だからいちばん効率がいい運動、追い込めるのはじつはスパーだったりするんで、そういうことがわかると「あっ、超ラクじゃん」ってなるんですよ。

――やってみたら、いかに効率的かが理解できると。

朴　それで続けてやっていったらめちゃくちゃ楽しくなっちゃうし。だからいまは柔術がそんな感じじゃないですか。みんなハマっちゃって。でも、それは打撃でもＭＭＡでもまったく一緒なんで。打撃がないってだけで敷居はグッと下がるんですけど、いくら打撃があっても安全面を考慮してやってるんで問題ないんですよ。そういうのをわかってもらえたら、「ねっ、言ったでしょ?」って。陸上競技場の400メートルトラックを何本ダッシュとかそういうのをやらなくても、それと同じくらい追い込めますよっていう。そういう場所にし

たいですね。マジで真っ白になれますから。真っ白になったら日頃のストレスとか全部飛ぶんで。

「パンチの打ち方や蹴りとかもまがいなりにも教えてるんで。まあ全部、恭司のパクリっスけど（笑）」

——朴さん、ここに入会します！（笑）。

朴　ボクもストレス社会にどう向き合うかっていうところで運動を取ってるんで。ほかに何か趣味があってそれでストレスが飛ぶんだったらそれでもいいけど、ただ、格闘技のこういう感じのストレスの飛び方って全然違いますよっていうところは言っておきたいですね（笑）。

——そういえば先月、ガリットチュウの福島さんに取材して、福島さんから聞き捨てならないことを言われたんですよ。

朴　おー。柔術チャンピオンに。

——福島さんが「柔術はいいことだらけだから、みんなやったらいいのに」と力説しているときに「テストステロンは筋トレでは出ないんです。オス同士の組みでこそ出るんです」って言ってたんですよ。

朴　アッハッハッハ！　格言っスね、それ（笑）。

——だからその日のボクは「すぐに柔術始めなきゃな」って思ったんですけど（笑）。

朴　だからまさに相撲がそうなんですよ。押し合いやもみ合いって闘いの起源だったりするので。それ、いいっスね。ちょっとその言葉をウチにホームページに引用して載せておこうかな（笑）。それはいいこと聞いたな。やっぱ、やってることの方向性は間違っていなかったっていうね。ボクは初心者同士でも組みのスパーリングを絶対にやらせるんですよ。「筋トレだと思ってやってくれ」って言って。そうなると絶対におもしろいんで。疲労感も凄いし。よし、それで行きましょう（笑）。

——あと格闘技って、やっぱり人と人が触れ合うスキンシップだからいいみたいですね。それと自分が強くなれたら自信になるし、それが余裕にもなるから争いも起こりづらいっていう。

朴　たしかに人にやさしくなれたりもするっスね。ボクも格闘技を始めてからあんましケンカしなくなったっスからね（笑）。だからいろんな意味で抑止力じゃないですけど、そういう形で格闘技を使ってもらえたらいいですよね。とにかくちゃんと教えるんで。パンチの打ち方、形。蹴りとかもまがいなりにも教えてるんで。まあ全部、恭司のパクリっスけど（笑）。

——日本でも堀口恭司の打撃が学べますと（笑）。

朴　そうなんです。やられながら「あっ、なるほどね」ってなったやつを伝授するんで（笑）。恭司とは何年間か毎週のようにガチスパーをやってたんで、そういうのがどんどん活きていけばいいかなって感じっスね。

——あとボクは世田谷方面に住んでるので、最初は「あー、朴さんは上野に出したか。けっこう遠いなあ」っていうのがちょっとありました。でも上野駅からめっちゃ近いですよね。

朴　駅チカなんですよ、ここ。日比谷線と銀座線がめっちゃ近くて、JRからでも歩いて5分くらいで来れるんで。上野自体もいい街なんでね。ボクは地元が群馬だったんで、上野は北関東から東京に行く入り口というか。

——玄関口ですね。

朴　だからアメ横とかにも子どものときからよく遊びに来てたんで、縁があるというか、「懐かし～」みたいな。

——あとはうまいメシ屋も死ぬほどあるし。朴さん、ここはちょっと一念発起してマジで入会させてください。ボクみたいなヤツっていても邪魔じゃないですか？

朴　いや、そんなことないっスよ。来たらバッチリとメニューもあるんでトレーニングしてもらって。それでボクが絶対にミットを持つんで。必須科目があって、それを極めればケンカとかはしちゃダメっスけど、何か有事の際にはどうにかなるんで（笑）。

——押忍（笑）。

朴　結局、先輩とか仕事の関係の人とかとトラブっても、最悪ぶっ飛ばしちゃえばいいやっていうのがあるんで。だからボクは嫌われるんですよ。実際にはやらないけど、「なんかあったらぶっ飛ばしちゃえばいいや」っていうのがたぶん態度に出ちゃってるんでしょうね（笑）。

——あー、俺も態度に出せるくらいになりたい……（笑）。

朴　あまりにそれが出すぎたらダメだと思うんですけど、それが心の余裕につながるんで。……あんまりこんなことを言ったらお客さんが来ないですかね？（笑）。

——いやいや、いいんじゃないですか。みんな心の余裕を手に入れたいと思います（笑）。

朴　ダイエットとかにしても、みんな凄くつらいダイエットをしてるんですよ。チートデイを作ってみたいな。でもチートデイとかはボクは否定派なんで。チートデイ＝過食嘔吐デイなのでそういうのも改善してあげます。みんな闇を持ってるんですよ。きらびやかなフィジークの世界も、格闘技の減量もそうですけど、それをちょっと健康的にできたらいいかなって、そういうアドバイスもいっぱいできると思うんで、いまなら「『KAMINOGE』で見た」と言って入会してもらえたら、ウチのジムのステッカーを差し上げます（笑）。

TITLE

朴光哲（ぼく・こうてつ）
1977年5月27日生まれ、静岡県出身。元・総合格闘家。NO FACE GYM代表。
高校3年からボクシングを始め、大学卒業後にSHOOTO GYM K'z FACTORYに入門。全日本アマチュア修斗選手権ウェルター級優勝を経て、2001年11月26日、マーク・ドゥンカン戦でプロ修斗デビュー。その後、修斗環太平洋ウェルター級王座を獲得すると、HERO'SやCAGE FORCE、DREAM、King of the Cageなどに参戦を果たす。2012年10月6日、ONE FC初参戦となった『ONE FC 6』の初代ライト級王座決定戦でゾロバベル・モレイラからTKO勝ちを収め王座獲得に成功する。2020年11月21日、RIZIN初登場となった『RIZIN.25』で白川陸斗戦でTKO負けを喫する。2020年12月22日に現役引退を表明した。2023年9月1日、自身が主宰する格闘技ジムNO FACE GYMを東京・上野にオープンした。

NO FACE GYM INFORMATION

心と身体を鍛える格闘技の魅力を体感
全世代歓迎の格闘スポーツジムの
多様な設備で楽しくトレーニング！

NO FACE GYM
（ノーフェイスジム）
東京都台東区東上野3－18-3 マツバビル302
営業時間：平日11:00～22:00・土曜10:00～15:00
定休日：日曜日

［無料体験予約受付中］
https://kotetsu-boku.com

坂本一弘

馬乗りゴリラビルジャーニー(仮)

第38回
人でなしじゃなくて、人じゃない。

構成:井上崇宏

(さかもと・かずひろ)
1969年3月4日生まれ、大阪府大阪市出身。
修斗プロデューサー/株式会社サステイン代表。

——坂本さん。現代のようにプロレスと格闘技が完全に分断されていなかった時代に活躍していたプロレスラーで、いちばん強かった人は誰ですか?

坂本 なんですか、いきなり。

——昨夜、それについて友達とLINEでやりあっていて、ちょっと答えが出なかったもので(笑)。

坂本 それは現代のMMAでやったら、ってことですか?

——基本的に全部あと出しなしでいきたくて、ルールが整備されたMMAではなく、かと言って道場での極めっこでもなく。各レスラーの技術や情報は当時のままで、たとえば第1回UFCルールでヨーイドンとかどうですか?

坂本 となると、金的・目潰し・噛みつき以外は何をやってもオッケーか。それで闘える日本人プロレスラー? 猪木さんじゃないですか?

——アントニオ猪木。その根拠は?

坂本 幻想もあるのかもしれないですけど、結局ルールがなかったときの闘いだとアントニオ猪木がいちばん強いでしょう。それは「できる度胸」がある人ってことなんですよ。スポーツマンシップというものは求められていない、基本的にケンカに近いものであるとなったときに、そこをパッと飛び越せる人というか。それで目潰しはダメ、金的もダメでも、口の中に指を入れちゃダメだとかはないわけじゃないですか。そして綺麗に勝とうとする必要もない。そうなったらかつて異国の地で、現地の英雄の腕を折った直後に「折ったぞー!」って言える人はやっぱり向いてるんじゃないかなと思うんですよ。

——平等に相手も同じことをやってもいいって状況で、猪木はファーストコンタクトからもう行けちゃいます?

坂本 それはわからないですね。じゃあ逆に言ったら、技術的なことは別としてほかのプロレスラーで誰があのルールでできま

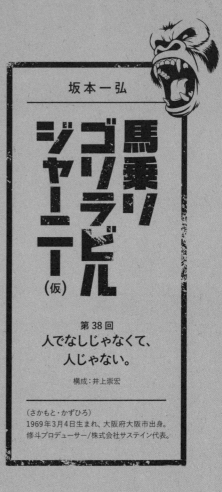

す？　あのケージの中に入って、やれないことの制限が少ない。「やれること」がいっぱいあって、「やれないこと」ほうが極端に少ないんですよ？（笑）。そうしたら、やっぱりそういう度胸が座っている人間がいちばん強いと思いますよ。だって相手も誰が出てくるかわからないんですよ。ヤーブローみたいなのが出てくるかもしれないし、実際にジェラルド・ゴルドーはいたし、当然ホイス・グレイシーもいたけども、新日本はイワン・ゴメスをブラジルから呼んだりしていたから、もしかしたら猪木さんは当時からグレイシーを知っていたかもしれない。ただ、そういう知識とか技術ではなく、やっぱりああいう場合にものをいうのは修羅場の数ですよ。これが整備された競技だって言ったらダメかもわからない。ただし、ああいう場に一発でパンと出たときはやっぱり修羅場を知ってて度胸が座っている人間が勝つと思う。だって、本当のなんでもありですから。

――そうですか。やっぱ猪木ですか。

坂本　だってグレート・アントニオがヒザをついた瞬間に顔面を蹴ってるでしょ。あれができる人ですよ。あの時点ですでに飛び越えてるんですよ。だから俺はアントニオ猪木ですね。一択ですよ。

――もう話が終わっちゃいましたね。「いやいや、〇〇もいるじゃないですか」って言いたかったけど、まったく名前が出てこなかった（笑）。

坂本　本当に終わっちゃったじゃないですか（笑）。でも俺は本当に猪木一択ですよ。藤原喜明さんや木戸修さんの関節技が凄いとか、ほかにも前田日明さんとかいたかもしれないけど、なんでもありではどれだけ修羅場をくぐっているかです。あとは天才的な運動神経と打・投・極の技術力があって、UFCよりも前にMMAを競技化して修斗を作った創造力も含めて佐山先生じゃないですかね。

――その1回目のUFCのヨーイドンの前に、すでに猪木は修羅場をくぐってきてるっていうのが凄いですね（笑）。

坂本　そうですよ（笑）。やっぱりモハメド・アリを呼んできたり、一歩間違えたら自分だって殺されるかもしれない状況でアクラム・ペールワンと闘ったとか、全部やってるわけじゃないですか。それは強いですよ。それはたぶんホイス・グレイシーも猪木にはすぐに組みに行けなかったと思いますよ。「何かあるんじゃねえか……」って思わせるもん。だって向こうからすると「コイツ、アリとやってるんだよな」って思うわけじゃないですか。その情報を知ってるだけでもすぐには入っては行けないですよ。いまでも「猪木－アリ状態」ってポジションがあるくらいですし。

――いや、ちょっと待ってください。もし猪木が第1回UFCに出ていたら勝てたって話になるんですか？

坂本　勝つ可能性はいちばん高いんじゃないですか。プロレスラーの中でですよ。

――1993年当時の年齢やコンディションは置いておいてですよね。

坂本　あっ、そこも合わせるんですか？

——いや、そうじゃなくて、最初からボクが言ってるのは「同じプロレスラーの中でいちばん強いのは誰か?」って聞いていたんですよ（笑）。それが第1回UFCで猪木、いけちゃいますか? 猪木さんが「石澤、ちょっと観てみろ。いまアメリカでこんなのやってんだよ」と行ってビデオを観せた、あの第1回を制しちゃう?

坂本 俺のほうは、MMAがなかった時代のプロレスラーの中でいちばん第1回UFCで勝てる可能性が高いのは猪木さんじゃないかって話をしていたんですよ（笑）。

——どうも微妙に話がすれ違うなと思っていたら、そういうことでしたか（笑）。たしかに猪木のほかに誰がいるってなったら浮かばないですよね。その素養がないということか。

坂本 ないですよ。だって猪木はいろんな国に行って、いろんなヤツとやってるんですよ。ヨーロッパでラウンド制もやってるし。

——つまり猪木は、なんでもありとなったら躊躇なしのダーティーファイトで行くことが想定されるわけですね。

坂本 そうです。度胸があってリミッターを外せるからできるんです。相手がちょっと躊躇して、倒れた瞬間に顔面を思いっきり蹴れるプロレスラーなんて、ほかにいないじゃないですか。

——ちょっと、猪木さんを人でなしみたいに言わないでくださいよ。

坂本 いや、人じゃないから強いんですよ。アントニオ猪木は人でなしじゃなくて、人じゃないんですよ。

——猪木という生物なんですね（笑）。

坂本 そう、猪木という名の生き物（笑）。だって、みんなケンカしに来てるんだから競技競技してる人は無理じゃないですか。なのでやっぱりケンカができる人じゃないと。

——ケンカができる人って、どういう人なんですか?

坂本 基本的にケンカって長時間やるものではなくて瞬間的に勝負がつくものですよね。じゃあ、ケンカ慣れしている人が強いかって言うと、もちろん身体がデカいほうが強い、度胸があれば強いとかいろいろあるかもしれないですけど、やっぱり人とは次元の違う修羅場をくぐっていたのが猪木なわけですから。10代でひとりブラジルから船に乗せられて日本に戻ってきて、力道山にボッコボコに鍛えられて、東京プロレスを作って潰しちゃって、それでまた日本プロレスに出戻りしてるんですよ。それから新日本を作って、異種格闘技戦をやって、モハメド・アリを呼んでる。ちょっと普通じゃない。

——やっぱり人でなし。

坂本 人でなしじゃなくて、人じゃない（笑）。

——当初ボクが聞きたかったこととはちょっとズレがありましたけど、第1回UFCに出ていけるのは猪木だけだっていう、それが答えですよね。すなわちですよね（笑）。

坂本 すなわちです。すなわち、いちばん強かったプロレスラーはアントニオ猪木です。「プロレスラー」という範疇で言えば、のちの桜庭和志選手が技術もあって強いのはわかっているんだけど、そうではなくてっていうことですもんね。MMAのなかった時代のプロレスラー限定だから。それはいくらジャンボ鶴田最強説があったとしても、そうなったときは猪木一択ですよ。

――レスリングや柔道で輝かしい実績のある、ほかのレスラーたちを押さえて堂々の猪木一択は、胸がスカッとしますね（笑）。

坂本　いや、そういう闘いでは逆に競技を深くやっている人はダメなんですよ。その競技の技術を活かすより、その技術で勝とうとするから、その競技の盲点を突かれてやられちゃいますよ。いやあ、猪木さんの映画（『アントニオ猪木をさがして』）も封切りされましたからね、タイミングのいいテーマでしたね。

――封切りのタイミングじゃなくても、ずっと猪木をさがしてますから（笑）。

坂本　俺らは常に猪木をさがしてますからね。

――あー、楽しかった（笑）。

坂本　でも、これからもずっと猪木さがしの旅は長く続くんですよ。

――いま、ようやく頭に浮かびましたけど、長州力なんかも相当強いとは思うんですけど、ケンカしてるところを見たことがないですからね。一発殴られたときにどうなるかもわからないし。

坂本　長州さんはアマレスのエリートだし、プロレスラーとしても最高の輝きを放っていたじゃないですか。それはプロレスの範疇を超えなかったからとも言えるし、それが長州さんの美学というかプロ意識だったでしょうし。そう考えたらアントニオ猪木って化け物ですよ。プロレスラーとしても天才で、なおかつケンカもできるんですから。

――やっぱり人ではない（笑）。

坂本　ケンカもできるし強いけど、プロレスはしょっぱいってなったら、単なる最悪のプロレスラーじゃないですか。やっぱりあと出しになっちゃうけど、純粋な競技、整備化された競技での闘いだと猪木は勝てないかもしれない。ただし、なんでもありの闘いならいちばん強いのはアントニオ猪木です。間違いないです。

――あとは金網の鬼、ラッシャー木村もいますけどね。金網での闘いには相当長けているでしょう。

坂本　だったらブル中野も出しましょうよ。

――たしかに。あんな高い金網の上からギロチンが飛んできますからね。

坂本　上には立てないけどね。

――坂本さんが「ブル中野だ」って振っておいて、「いやいや、上に登れねえから」ってクールな返しをするのはズルくないですか？

坂本　そっちが先に「金網といえばラッシャー木村のことを忘れちゃいませんか？」って言ってきたからでしょう。

――絶対ホイスはビビりますよ。「アイツはもう知ってるんだよな、金網を」って。

坂本　たぶんホイスはすぐにタックルに入ってくると思いますよ。

TARZAN by TARZAN

ターザン バイ ターザン

はたして定義王・ターザン山本！は、ターザン山本！を定義することができるのか？「俺がいちばん週プロの編集長をやらせたかったのは次長なんですよ！　次長が編集長になったらどんな『週刊プロレス』を作るのかと。俺とは徹底的に差別化した表紙とかタイトル、誌面作りをやったはずだったと思うんよ。そして編集部内の部下に対してどういう接し方をするのか、その様子を見てみたいというのはあったねえ!!」

ターザン山本！（たーざん・やまもと）1946年4月26日生まれ、山口県岩国市出身。ライター。元『週刊プロレス』編集長。立命館大学を中退後、映写技師を経て新大阪新聞社に入社して『週刊ファイト』で記者を務める。その後、ベースボール・マガジン社に移籍。1987年に『週刊プロレス』の編集長に就任し、"活字プロレス""密航"などの流行語を生み、週プロを公称40万部という怪物メディアへと成長させた。

絵　五木田智央　聞き手　井上崇宏

第四十九章

後継者とは裏切り者である

「俺は雑誌に関しては相当な情熱とパッションを傾けた。まあ、井上くんは個人的な諸事情があるからしゃあないよ」

——早く着いちゃいました。なんかまずかったですか？

山本　いやいや、いま薬飲むからちょっと待っといて。

——ゆっくり飲んでください。いま、薬は何種類飲んでるんですか？

山本　（水で薬を流し込んで）糖尿病、血圧、肝臓病の3つですよぉ。

——そういえば、このあいだ山下達郎のコンサートに行ってきたんですよ。あの人、凄いですね。めっちゃ神々しかったですよ。

山本　あの『クリスマス・イブ』の人でしょ。あの人はいくつなん？

——70歳ですって。

山本　あっ、まだ70なんだ。俺は77ですよ！

——これ、知ってます？　俳優の松尾貴史の結婚式で松村邦洋が「ターザンさん、お疲れ様です。いつも週プロを読んでます」って挨拶したら、「山下達郎です」って言われたって話（笑）。

山本　パチパチパチパチ！（うれしそうに手を叩く）。なんだよ、それは！　初耳だよぉ！

——ついでになぎら健壱さんも「なんで主賓席にターザン山本がいるんだよ？」と言っていたそうです（笑）。

山本　あちゃ～！（笑）。

——やっぱ週プロ編集長時代のターザン山本の認知度って凄いですよね。その界隈の人たちがみんな知ってたっていう。

山本　あのね！　それは心当たりがある！

——そりゃ知ってるだろと。

山本　だってさ、雑誌のなかで表紙が神話化したのは週プロだけだと思うんよ。表紙っていうのはもともと忘れ去られる、記憶に残らないものなのに、週プロだけは不滅の記憶化しているというさ。だから俺が思ったんは〝表紙学〟というのはあるなと。要するに写真を選ぶ段階でほぼ表紙の良し悪しが決まっちゃうわけだから、まずどういう写真を選ぶのか、そこにどんなコピーをつけるのか。そういう表紙学というものが凄く重要だなと思ってるんよ。それ、最近思ったんよ。

——『KAMINOGE』の表紙は大丈夫ですか？

山本　『KAMINOGE』はね、ハッキリ言って気分屋というか、年間を通してしょっちゅう井上くんのテンションが上がったり落ちたりしているわけですよ。それが表紙に見えてるから情熱とパッションが感じられないときもある。

——ハッ。

山本　情熱とパッションの浮き沈みが激しいわけですよ。

——情熱とパッションは同じ意味ですね。ボクの情熱とパッションの高低が表紙に出てしまっていると。

山本　うん。

——なるほど。山本さんは最後まで情熱とパッションは落ちなかった？

山本　全然落ちませんよ！　俺は雑誌に関しては相当な情熱とパッションを傾けたからね。自分の情熱とパッションが血となり肉となりで、ひとりで格闘していたからね。ただまあ、井上くんは井上くんで個人的な諸事情があるからね。しゃあないよ。

——個人的な諸事情！（笑）。

山本　だから目次のページに「今号は個人的な諸事情により情熱とパッションは低めです」って書いておく必要はあるんよ。「最近は情熱とパッションがまったくありません」とか。

「馬場さんも猪木さんも、そして俺も、他人のことなんかどうでもいいと思っていた。だから後継者なんて無関心よ」

——小さく入れましょうかね。

山本　猪木の映画（『アントニオ猪木をさがして』）は観たん？

——観ました。

山本　えっ、観たんか!?

——観ました（笑）。藤波（辰爾）さんの証言はおもしろかったですね。猪木さんは自分の試合前、ずっと裏でモニターを観ていたらしいんですけど、「この野郎、ここの席が空いてるじゃねえか！　ほかの客を移してここを埋めてこい！」って営業に怒鳴ったりとか、あるときは中継車に乗り込んで自分でスイッチングをやってたって（笑）。凄くないですか？

山本　いや、昔さ、鎌倉の手前あたりでやった屋外の興行に行ったときさ、猪木さんが大塚（直樹）さんを呼んでえらい怒ってるんだよね。

——裏でですか？

山本　うん。それでさ、「おまえ、言っただろ。テレビ中継のある日は何がなんでも客を満員に入れろと言ってるのに、満員になってねえじゃねえか！　おまえはわかってねえのか！」って怒鳴り散らしてるんですよ。猪木さんは席が空いているということに対してはもの凄く敏感だったよね。

——全日本プロレスの後楽園の年間シートのお客さんが、試合中に最前列で寝ていたのを見た馬場元子さんが「返金して、帰ってもらいなさい」って言ったっていうのは、山本さんが週プロで書いてたんでしたっけ？

山本　そうそう。元子さんも徹底してたねえ。しっかし、藤波さんはずっとアントニオ猪木が好きなんだなあ。あの人の猪木さんに対する情熱とパッションは凄いよねえ。

——ここで野暮な質問をしますが、アントニオ猪木には、自分の後継者は誰だとかそういう感覚ってあったんですか？

山本　その答えは簡単ですよ。馬場さんも猪木さんも、そして俺も、他人のことなんかどうでもいいと思っていましたよ。

——そうですよね。山本さんも含めて。

山本　人のことなんか知ったこっちゃないと。だから自分の後継者を作ろうとか、そういうことに関しては無関心よ。それは自分が作った全日本プロレス、新日本プロレスに対してもそうで、なぜかと言うとさ、あの力道山が作った、そして自分たちが生まれ育った日本プロレスがあっけなく崩壊したわけですよ。その崩壊する様を見ているから、自分たちが作ったものも自分がいなくなったらやがて崩壊すると思っていたんよ。だから馬場さんも猪木さんも団体に対する愛着なんかないわけですよぉ。

――一代限りだと。

山本 あのふたりは自分にしか愛着がなかったんよ。

――山本さんも週プロに対する愛着はなかった?

山本 俺もそうですよぉ、ありませんよぉ。あのね、後継者というのは企業や組織を維持するために跡目を譲る人間のことだけど、それってふたつのパターンがあって、自分の親族、息子といった身内に譲るという発想と、親族以外の優秀な人材に譲る発想とがあるんよね。それで言うと、まず馬場さんには子どもがいなかったでしょ。というか、当時の有名なプロレスラーで、バーン・ガニアにしてもエディ・グラハムにしても、自分の息子がレスラーになってそのエリアを継承したっていう例はひとつもないからね。だから馬場さんや猪木さんにも後継者を作るという概念が最初っからないんよ。

――自分が興した団体を100年、200年と存続させようとは思っていないわけですね。

山本 日本プロレスが崩壊した時点でそういう発想はないわけですよ。

――自分が死んだら終わり。

山本 なくなってもいい、どうなってもいいと。そういうもの凄くリアルでアナーキーで、無責任な生き方をしているから人として正しいわけですよ。ただね、俺の場合は後継者ではないんだけど、俺のあとに編集長になってほしいなっていう人はいたんですよ。

――自分の後継者ではないけど、週プロを作ってほしい人。

山本 そう。それも2パターンあって、ひとつは俺がいちばん信頼しているというか評価している人、安心できるというか確実性が高い人。それは市瀬(英俊)くんなんよ。

「宍倉次長が紅夜叉を表紙に使ったときは、足元をすくわれたというか、背中から斬りつけられたというか」

――絶対にそうですよね。山本さんが部下としていちばん信頼していたのは市瀬さん。

山本 市瀬くんが編集長を譲り受けてくれたらいいなと、俺は思っていたわけですよ。それはベストではないけどベターな選択であると。要するに俺は市瀬くんを親族的な関係として見ていたから。普通の上司と部下の関係を超えていたし、とにかく俺が市瀬くんのことを好きだから、「次の編集長は市瀬くんだったらいいな」っていう考えがあったわけですよ。

――市瀬さんが会社から預かっていた出張費を勝手に持ち出して、競馬に使ったりするくらいの濃い関係ですもんね(笑)。

山本 ある日、市瀬くんの机の上に5万円が入った封筒が置いてあって、「ん? なんだこれは?」と。

――出張費だよ(笑)。

山本 あるいは馬場さんとの食事会だって、俺が同行させたのは市瀬くんだけだからね。とにかく極端に、過剰に彼のことを

TARZAN by TARZAN

贔屓してたんよ。織田信長にとっての明智光秀みたいなものですよ。でも！　俺が本当に後継者として求めていたのは次長ですよ！

――宍倉（清則）さんですか。

山本　もし、新日本から取材拒否をされて編集長を辞任するんじゃなしに、俺自身がある時点で「もう辞〜めた」ってなった場合にいちばん編集長をやらせたかったのは次長なんですよ。次長が編集長になったらどんな『週刊プロレス』を作るのかと。たぶんね、俺とは徹底的に差別化した表紙とかタイトル、誌面作りをやったはずだったと思うんよ。表紙に自分が好きな女子プロを持ってくるとか。

――毎週女子プロぐらいの（笑）。

山本　そうそう。そして次長が編集部内の部下に対してどういう接し方をするのか、その様子を見てみたいというのはあったねえ。そこで部下から反発されるのか、むしろ手懐けられるのかを見てみたかった。だってさ、俺がレッスルマニアに行って日本にいないとき、次長は女子プロレスラーの紅夜叉を表紙に使ったからね。

――記念すべき1000号で。

山本　あれをやったというのは、俺のことをいちばん理解して、意識した人だからですよ。だからターザン山本のことをいちばんわかっているのはじつは次長だったんですよ。その彼が編集長として全面的な権力を握ったら、俺とは真逆のことを徹底的にやったんじゃないかと。俺はその『週刊プロレス』が見てみたかったんよ！　もう次長がやりたい放題やってさ、それで爆発しようが廃刊になろうが、そういう週プロが読んでみたかった。ほかの人が編集長になって作る週プロには興味がないけども、次長の週プロだけは見たかった。だから、あるとき俺は会社に「自分の体力的に限界があるから、編集長を次長に譲りますのでぜひお願いします」という形で推薦状を出して、次長を編集長にさせようとしたんよ。

――そうしたかったという話ですか？

山本　いや、実際にやったんよ。俺はあの紅夜叉の表紙を見たときに「次の編集長はコイツしかいないな」と確信した。

――こっちが思いもよらんことをやる男だなと（笑）。

山本　こんな足元をすくわれたというか、背中から斬りつけられたというかさ。あのときはバッサリと辻斬りにあったような気分だったからね。「これはもう、コイツしかいない！」と。極限的な嫌味をやられたと思ってさ。あのとき俺は完全に「負けた」と思ったんよ。

――「俺でもここまでエゴを発揮したことはない」と敗北感を感じた（笑）。

山本　まさか次長があそこまでやるとは思っていなかったわけですよ。でも俺は事前に「好きなようにやっていいよ」と言っていたから、彼はそのワンチャンスを生かしたわけよね。「これをやっても山本さんは文句を言わないだろう」というのをわかっているから。俺が好きにやっていいと言った以上、「なんでこんな表紙を作ったんだ！」とは言わないとわかっているから堂々とできたんですよ。だからあれが最大の転機になったというか、俺は「部下は上司を裏切るものなんだな」と悟ったんよ。

――あの表紙でいろんな気づきがあったわけですね。

山本　部下は俺のことを尊敬しているからかもしれないけど、もう一方の裏側の気持ちとしては、俺を否定する存在としているんだなと。だから後継者というのはかならず裏切り者から出る。

「次長は女子プロに関しては自分がフィクサーみたいな感じになっていたから強烈な思い入れがあるわけですよ」

――なるほど。なんとなくわかりますね。藤波タイプじゃなくて長州タイプみたいな。

山本　でも結局、次長は編集長になれなかった。そのことがターザン山本にとっての最大の悔いなんだよね。『週刊プロレス』の歴史のなかに「宍倉編集長時代」が存在しなかったことが、俺にとっては最大の悔いとマイナスなんよ。

――山本さんが辞任したあとは濱部（良典）さんが編集長になったんですよね。

山本　濱部さんは直近で週プロにいなかった人なんよ。『ボウリング・マガジン』にいたんよ。

――『週刊ビッグレスラー』からベースボール・マガジン社に来て、週プロ記者を経て、ラグビー、野球、ボウリングと。

山本　だからあのときの会社の判断としては、ターザン山本の直系を編集長にすると、また新日本とうまくいかないと。「ターザン山本の色がついていない人間を据えなければいけない」っていうことから濱部さんが来たわけですよ。それも俺はショックだったわけですよ。二重のショックなんですよ。「ああ、すべての権限を失うとこうなるんだな」と。一時代を築いた、権力を握った人間が没落していくときの悲劇というか、運命というものを俺は嫌というほど現実で認識したね。

――ターザン山本を完全に消し去ろうということですよね。

山本　次長が編集長にならなかったこと、濱部さんが編集長になったことで、すべてが一気に変わる、チェンジするんだということを悟ったね。

――あの状況で会社は宍倉さんを編集長にはしないですよね。絶対にコントロールができない人じゃないですか。

山本　しないし、次長が編集長になることを部下も望んでいないと思うんですよ。

――えっ（笑）。だから山本さんの「宍倉次長の作る週プロを読んでみたい」という気持ちは、宍倉さんの上司だった立場からの願望ですよね。

山本　でも新日本との関係がまずくならなければ、その可能性もあったわけじゃないですか。

――山本さんが指名すればそうなったはず。

山本　だって次長はたまに「私に表紙を作らせてください」って言ってきていたし、それも俺はオッケーしたし。まあ、ほかの部下が「この取材に行きたいです」とか言ってきても全部オッケーを出していたんだよね。ヤスカクさん（安田拡了）が船木誠勝の本を出したいと言ったときも即オッケーしたし。俺はみんなオッケーを出すんよ。それで次長が「表紙を作らせてほしい」と言ってきたのは2回。ひとつは1993年の4・2女子プロレス夢のオールスター戦。横浜アリーナの神取忍vs北斗晶。あの前に「私に表紙を作らせてください」と。それで次長が神取と北斗を表紙にしたんよ。

——ああ、試合する前のやつですね。

山本　あれは次長ですよ。当時の俺には女子プロを表紙にするという発想がなかったんだから。

——でも山本さんはオッケーを出した以上、何をやってもいいよと。

山本　もちろんですよ。もしそこでノーと言ったら、彼のモチベーションが下がってしまうわけじゃないですか。

——それなりに勇気と覚悟を持って山本さんに直訴してきているというのもわかるし。

山本　あのときの神取vs北斗というのは、アンチプロレスvsプロレスの闘いだったわけですよ。でも強さから言えばあきらかに神取なわけじゃないですか。一方の北斗はプロレスの代表じゃない。だからプロレスファンの夢を叶えるためには、北斗が神取に勝たなきゃいけなかったわけですよ。そうして北斗が血だるまになりながらも勝つというさ。

——そうでしたね。

山本　俺、次長は当時フィクサーみたいな感じになっていたって話を聞いたんよ。

——あっ、全女の?

山本　人づてにそう聞いてたんよ。女子プロに関しては自分がフィクサーみたいな感じになっていたから強烈な思い入れがあるわけですよ。男子はターザン山本だけど、女子は自分であると。次長はもの凄くプライドが高い人なんよ。それで4・2は大ブレイクしたわけじゃないですか。大会を0時を超えてまでやってしまったというおまけつきでさ。

「市瀬くんはバランス感覚があるんだけど、そのなかに5パーセントくらい、わからないように嫌味というか毒を入れるんです」

——そうですよ。終電がなくなって、ボクは友達と新横浜から三軒茶屋まで歩いて帰りましたからね(笑)。

山本　あのとき、次長から「増刊号を出してください」とも言われたんよね。俺は「女子プロの増刊号なんか出せねえよ」って思ったんだけど、仕方なしに了承したわけですよ。俺はそこで大失敗をして6万部しか刷らなかったんよ。

——バカ売れしたんですか?

山本　すぐ完売ですよ!　倍の12万部を出しても売れてたよ。

——見誤りましたね。

山本　俺、あのときはちょっとショックだったね。自分の先見の明のなさに。

——餅は餅屋、女子は次長。

山本　次長はロッシー小川と組んでいたわけですよ。もちろん松永兄弟という存在もいたけど、マッチメイクのセンスはロッシーのほうがいいわけですよ。そうしたら神取vs北斗が伝説的な試合になって「プロレスを守るのは私だ!」という北斗幻想が生まれたわけよ。

——そして北斗晶は一躍スーパースターとなり。

山本　よそ者だった神取はもう悪者じゃないですか。北尾光司みたいなもんですよ。そういう構図であればプロレスが勝たなきゃいけないわけで、それを最大限に演出した次長の大勝利ですよ。だから彼は編集長になる素質があったんですよ！

——それともうひとつの表紙はなんですか？

山本　2回目はＦＭＷの横浜スタジアムですよ。「今度はＦＭＷ？」と思っていたらさ、金網デスマッチでブル中野がまた上から飛んだんですよ。次長はそれを表紙にしたんだよね。

——宍倉さんの独壇場ですね。

山本　あれも次長ですよ！　そうしたら大仁田（厚）が怒っちゃってさあ。「ＦＭＷの興行なのになぜあれを表紙をするんだ！」って。俺のせいじゃないんですよ。次長のせいですよ。だけど結果的に次長はまた伝説的な表紙を作ったんよね。だから次長は2回しかなかった代打の打席で、2回とも満塁ホームランを打ってるんよ。

——しかも直訴しての代打だから予告ホームランに等しいですよね。

山本　大逆転満塁ホームランを打ってるんですよ、アイツは！　非常にセンスがあるわけですよ。でも、それはあくまでも女子に限っているじゃないですか。これを男子も含めてやったときに彼はどういうスタンスを取るのか、どういった戦略を立てるのか、それが見たかったんよ！

——プロレス界全体を相手にしてもホームランが打てるのかどうか。

山本　そこでＵＷＦを応援するのか、新日本を応援するのか、全日本を応援するのか、ＦＭＷを応援するのか。女子プロでは成功したわけだけど、そっちは未知数なわけよね。

——女子プロが突出した得意科目ですからね。「5教科だとどうだったのか？」ってことですね。

山本　それが見たかったんよ。たしかに2回の表紙は成功しているわけだから。

——1000号記念の紅夜叉の表紙にしたって、のちのちまで語り継がれていますからね。「なんだったんだ、あれは？」って（笑）。

山本　そうそう、みんなの記憶に残っているわけですよ。だから彼は俺を反面教師にした素晴らしい人材だったんですよ。あそこまで俺を反面教師にしたのは彼しかいないから。

——いま思い出しました。週プロが新日本に取材拒否されているとき、1996年の4・29ドーム大会を写真なしでレポートするという増刊号を出したじゃないですか？

山本　出したね。

——表紙も写真なしの文字だけで、あの表紙は市瀬さんが作りましたよね。

山本　そうそう。

——全体が薄いベージュっぽい表紙で。あれが刷り上がってきたのを見たときに山本さんが「この色でよかったんか？　黒とかじゃなくてよかったんか？」って市瀬さんに聞いたんですよね。そうしたら市瀬さんが「あえてこれにしました」みたいな返事をしていて、山本さんが「ああ、そうか」みたいな感じでそれ以上は何も言ってなかったんですけど、市瀬さんはバランスのとれた人ですよね。

山本　そう。強烈なインパクト力は薄いんだけど、ある程度のバランス感覚が市瀬くんにはあるわけですよ。そのなかに5パーセントくらい、わからないように嫌味というか毒を入れるというかね。

「鈴木健は俺のプライベートにも影響を与えたんだから編集長になってほしかった。おそらく〝彼女〟もそれを狙っていたと思う」

――市瀬さんもとても頭のいい人ですもんね。

山本　市瀬くんはそういう頭脳的なプレイができるわけですよ。だけど「狂った週プロ」という意味では、やっぱり俺はいままでも次長を編集長にできなかったことが悔いとして残ってるんよ。週プロという歴史のなかで最大の悔いですよ！　次長、市瀬くん、鈴木健くん、このワンツースリーだよね。俺のなかでいちばんの編集長候補は次長、その次が市瀬くん、三番目は鈴木健。

――結局、その編集長になるべきトップスリーの人たちが全員編集長にはならなかったという。新日本による猪木色排除のように、ターザン山本の影響を受けすぎている人間は編集長にはなれなかった。

山本　もうひとつはね、鈴木健は俺のプライベートにも影響を与えたんだから編集長になってほしかったんよ。編集長になることによって、ターザン山本を乗り越えることになったわけですよ。おそらく〝彼女〟もそれを狙っていたと思うんだけど、実現していないわけですよ。

――これって平成の話ですけど、なんだか戦国時代みたいですね。側近による裏切り、略奪（笑）。

山本　こんなおもしろい話はないよ！　だからいちばんの俺のマニアは鈴木健だよね。実際、彼がいまやっていることっていうのはトークショーをやったりとかさ、ターザン山本がやっていたことじゃないですか。ただ、彼は俺を継承していることはしているんだけど、それはサムライTVとか外側でのことで週プロという媒体ではないからね。

――たしかに宍倉さん、市瀬さん、鈴木さん、それぞれが作る週プロを見てみたかったですね。

山本　そうなれば藤波（辰爾）には絶対に負けなかった猪木さんと違って、俺は負けるね。「いいよ」と。それは俺も杉山（頴男）さんから編集長の座を譲られたということがあったわけだから、すんなりと禅譲するというか、「もうこれからは自由にやって」と言ったよ。

――でも禅譲されるプレッシャーっていうのもありますよね。

山本　だから本当は禅譲されたくないわけよ。自分から獲りに行きたいわけですよ。禅譲はされたくないから下剋上したいわけですよ。

――やっぱり宍倉さんという人は組織のなかではかなり異質な方だったんですか？

山本　彼は非常に校正がうまいんですよ。

――「出張校正の鬼」として、いつも編集部じゃなくて印刷所にいるイメージがありますね。

山本　それは彼がゴング時代に学んだ「誤字脱字はないようにさせる」という大前提に立っているからさ。

――あと、山本さんの試合レポートには試合展開がいっさい書かれていないから、宍倉さんが囲みで試合経過を書いて入れてたっていう（笑）。

山本　入れてた！（笑）。試合経過が別個であったんですよ！

――やっぱりゴング育ちですよね。あの囲みは宍倉さんが印刷所で勝手に書いて入れていたんですか？

山本　そうそう。

――でも編集長ってコミュニケーション能力とか交渉術も必要じゃないですか。そこをどうこなしてやっていくのかも見たかったですよね。

山本　編集部以外との外部とも接触しないといけないからね。

――団体から呼ばれて、たとえば長州力から呼びつけられたときに宍倉さんならどういう立ち回りをしていただろうかとか。

山本　団体の代表や現場のトップ、トップレスラーとの関係性も重要じゃないですか。まあ、それは竹内（宏介）さんがいちばんうまかったんだけど。

――これは何度も言いますけど、新日本に呼ばれて、山本さんと新日担当だった佐藤（正行）さんが長州力と話し合いを持ったとき、山本さんが編集部に帰ってきて佐藤さんを怒ってましたよね。「おまえ、長州が言うことになんでも『はい、はい』言うんじゃないよ。ああいうときは一言も発さずにじっとしておけ！」って言ったんですけど、憶えてます？

山本　憶えてるよ。あのね、相手が怒っているときはとにかく沈黙するんですよ。全然しゃべらない。ちょっとでもしゃべると向こうはそこを捕まえて反論するから。

――向こうはカウンターを狙っているわけですね。

山本　だからずっと下を向いてね。

――ラチが明かない人になると（笑）。

山本　真面目に話を聞いているようなふりをして、何も反応しないというね。そうしたらかならず向こうはしびれを切らすから。だから俺はいっさい口を開かないんよ。

――そこで納得したような、していないような表情をするんですね。それで結局、取材拒否ですけどね。ラチが明かなすぎて（笑）。

山本　もう取材拒否するしかないみたいなね（笑）。

――鳴かぬなら 取材拒否だよ ホトトギス（笑）。

山本　だって呼び出すっていうことは、向こうは手打ちをしようとしているわけじゃないですか。そこで手打ちをして確約を取りたいわけなんよ。でも、こっちは確約していないんですよ。納得したような雰囲気を出しながら何も言わずに帰ってたんだから。

――で、帰ったらまた好き放題書いて（笑）。

山本　没交渉にも程があるよなあ！　いやあ、次長の作る週プロは読んでみたかったねえ。

アントニオ猪木一周忌。吉泉先生の想いが込められた第108話（百八つビンタが懐かしい）。

第108話
ワンチャン
吉泉知彦
仮面サンクス
パンサー
未読スルーってどういうことよ
え
なになに
しらばっくれんじゃないわよ
いやマジで
スマホどっか行ってずっと見てない
何の用？ごめん
え……
なになに？
なになにじゃないわよ

よお
チエコちゃん
来てたのか
ミラクルマスター
LINE未読で怒られてんだ
ダメだぞパンサー
女からのLINEは最優先だぜ
女ってもんを分かってねえな
な
……
なあ
チエコ
オレとのキス忘れらんねえだろ
……
だからって
パンサーに当たるんじゃねえぜ
……

なあ
オレに
ワンチャン
くれよ
ぞわ
ぞわ
ぞわ
くるん
バッ
ザッ
ぐいっ

バーーー
ぐあっ
おお
卍固め
ギブギブ
ギブギブ
プル
プル
プル
騒ぐのは外でやってくれ

KENICHI ITO

涙枯れるまで泣くほうがEマイナー

VOL.35

堀江圭功から学んだ「正直は最善の策」ということ

伊藤健一

（いとう・けんいち）
1975年11月9日生まれ、東京都港区出身。格闘家、さらに企業家としての顔を持つため"闘うIT社長"と呼ばれている。ターザン山本！信奉者であり、UWF研究家でもある。

あれは2年前の寒い冬だった。その一報は衝撃的すぎて、居た場所、自分が着ていた服、当時の彼女のシャンプーの香りまで鮮明にいまでも憶えている。

都内をクルマで移動していた私に、突然、大井洋一から着信があった。

普段はLINEで連絡を取り合っているのに、電話をかけてくるということは、何か緊急の用事かなと思っていると、第一声が「冗談じゃない!!」。これは大井の口癖なので、まあ、たいした用事ではないのだなと安心していたら、

「ヨシノリがホ○ビデオに出てた!! 冗談じゃない!!」

大井史上もっと悲痛で深刻な、本当の「冗談じゃない!!」だった。

私は急いでクルマを停めてツイッターで検索してみると、私たちの所属ジム「アライアンス」の後輩、ヨシノリこと堀江圭功が裸で男性に手○キされている動画が、トレンドに乗ってしまうのではというくらいに拡散されていた。

いま時代はジェンダーレスだし、同性愛はもう世間に認知されている。

とはいえ、その動画は単純に気持ち悪かったし、私はヨシノリとキャバクラに行ったり、アメリカ遠征に行ったときはストリップに行ったりと一緒に遊ぶことも多かったので、思い返して見ると、そのときのヨシノリの表情はつまんなそうだった気もしてきて申し訳なくなった。

そのアメリカ遠征では、ヨシノリはずっとジムの宿泊施設に泊まっていたので、日曜だけ私が宿泊する高級ホテルの同じ部屋に泊まらせてあげていて、あのときも私のことをイヤらしい目で見ていたのかと思うと、どんよりとした気持ちになった。

後輩の気持ち悪い動画を観てしまった私は、本人に連絡する気力もなく、1日気分が落ちていた。

しかし次の日、ヨシノリは一切ごまかすことはなく、映っているのが自分であること、撮影の経緯も含めてすべてをツイッターで正直に認めた。

その潔い姿勢、バカ正直っぷりは大多数

から賞賛され、ファンからの好感度はさらに爆アゲという結果になった。

かつてジムには「トラックとトラックが家の前で正面衝突したのでプロ練に行けません」と言った方（各自調査）がいたが、私と大井はヨシノリの正直さを見て、「やっぱり嘘はついちゃいけないよな」と見事な事件の収束にホッと胸を撫で下ろした。

そんなヨシノリが、9月24日に開催された『RIZIN.44』で、スパイク・カーライル選手と闘った。

今回から階級をフェザー級からライト級に階級を上げたのだが、私はそれなりに成功するだろうと思っていた。名将・八隅孝平さんも「ウェルター級まで通用する」と言うほどヨシノリのフィジカルは凄いものがあるし、実際MMAでは、階級を下げるよりも上げたほうが成功した選手が多い。私も過去に階級を下げて臨んだ初戦で、人生初のKO負けを喫してしまったことがある。階級を下げると相手のスピードが速くなるので、慣れるまで時間がかかってしまうのだ。逆に階級を上げたときは、相手よりスピードで上回れる。ヨシノリはスピードも凄いので、階級を上げたほうがよりそのスピードが活きるだろうなと予想していた。

まず、会場人気がかなりあることに驚いた。そのアホキャラはRIZINファンに広く認知されており、佐藤映像制作の煽りVでも手〇キ事件がおもしろくイジられており、真剣に心配した身としては悔しくもあったが、思わず笑ってしまった。

試合は、やはりヨシノリのスピードが際立つ展開になり、スパイク・カーライルに押し込まれてもそのフィジカルで跳ね返して完勝。これでRIZINのライト級トップグループ入りを果たしたと思うので、今後も暴れまわってほしい。

そして、その1週間後の『RIZIN LANDMARK6』では私の練習仲間である所英男が、メインイベントでボンサイ柔術のアラン〝ヒロ〟ヤマニハ選手と闘った。

戦前の練習を見ていたら、しっかりとテイクダウンを奪って上を取って攻めるということを意識してやっていたので、その闘い方はいい感じにできていたが、バックを取られる時間が少し長すぎて惜しくも判定負け。

まだ試合後に会えていないので話はしていないが、これで3連敗となったので、本人も進退を考えていると思うが、メインイベントに相応しい内容であったし、まだ所英男に期待しているRIZINファンは多いと思うので、もう少しがんばってほしい!!

マッスル坂井と真夜中のテレフォンで。

10/11

MUSCLE SAKAI DEEPNIGHT TELEPHONE

「俺、大学生のときはドリス・ヴァン・ノッテンのニットを着てたから。プロレスラーや格闘家の人たちはドリス・ヴァン・ノッテンのニットを着れないもんなって思ってましたから。どうせVネックの服を着てるんだろうなって思ってましたから。ドリス・ヴァン・ノッテンは『メンズノンノ』に載ってましたから」

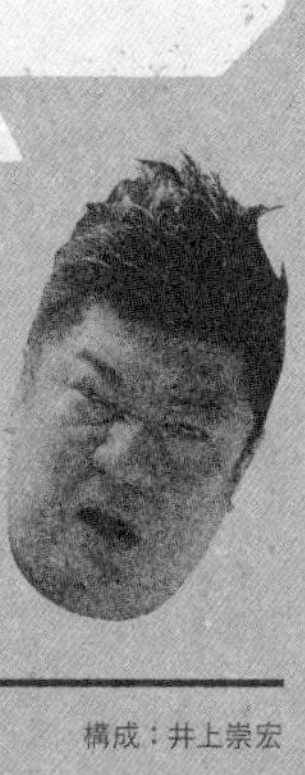

「大学生の頃は正直プロレスとか格闘技って野蛮だなと思ってた。オシャレじゃないなって思ってました」

――坂井さん、今日は10月11日なんですけど、28年前の今日、高田延彦vsヒクソン・グレイシーが東京ドームであったんですよ。

坂井 あー！

――歴史的な日ですよね。

坂井 あれは2000何年ですか？

――いや、1997年。

坂井 俺はあのときね、一浪しての大学1年生だった。あの頃、俺は西荻窪の松庵二丁目のセブンイレブンで2週間だけ深夜にバイトしたことがあるんですよ。あまりにも私の勤務態度が悪くてクビになったんですけど、そのときに配達されてきたスポーツ新聞を見て凍りついた。あのチョークスリーパーに捕られている高田延彦が一面でしたね。

――あの、坂井さん。高田がチョークに捕らえられたシーンは一度もありませんよ（笑）。

坂井 えっ⁉

――それ、船木誠勝でしょ（笑）。

坂井 えっ、船木vsヒクソン戦のほうが先？

――いや、あとあと！　船木vsヒクソンは『コロシアム2000』だから2000年ですよ。

坂井 じゃあ、あのとき私が見たのは……やっぱ高田ですね。でもチョークじゃないんだね。

――1997年10月11日に闘って、高田は腕十字でヒクソンに負けたのよ。それでちょうど1年後の1998年10月11日に再戦を

構成：井上崇宏

やって、またも腕十字で敗れてるのよ。

坂井　じゃあ、どっちもチョークスリーパーじゃないんだ。

――チョークで失神したのは船木のほう（笑）。

坂井　俺、当時はそこまで興味がなかったんだなっていうことに気づきました（笑）。

――だって、坂井さんは格闘技どころかプロレスにもまだ興味がない頃でしょ？

坂井　ないかも。正直、野蛮だと思ってた。オシャレじゃないなって思ってましたよ。

――じゃあ、坂井さんに問う。あなたがプロレスや格闘技を観るようになる前はどんなコだったんですか？

坂井　俺、ドリス・ヴァン・ノッテンのニットを着てたから。だから「この人たち（プロレスラーや格闘家）はドリス・ヴァン・ノッテンのニットを着れないもんな」って思ってましたから。「どうせVネックの服を着てるんだろうな」って思ってましたから。

――ドリス・ヴァン・ノッテンとはどういう出会いだったんですか？

坂井　『メンズノンノ』に載ってましたから。モデルのユアンや池内博之が着てましたから。

――なんか気持ちいいな。みんなそういう本当のきっかけって隠したがるのに（笑）。

坂井　友達の澁谷がドリス・ヴァン・ノッテンを推してましたから。

――「坂井っち、ドリス・ヴァン・ノッテンだよ」と。

坂井　「まず名前よくない？」って（笑）。「アメリカとかイギリスじゃないんだぜ。ベルギーのアントワープって知ってる？」って聞かれましたから。

――つまりオシャレ感度の高い大学生だったと。

坂井　そうですね。でもまあ、それぐらいですかね。オシャレエピソードは。

――ファッションにしか興味がなかったってこと？

坂井　そんなことないです。あと映画も。

――あっ、そうか。早稲田の映画研究会的なサークルにいたんですもんね。子どもの頃から映画は好きだった？

坂井　ええっと、やっぱり東京に来てからオシャレなカルチャー大学生たちと触れ合いだしてからですかね。バイトもいっぱいやりましたし。

――たとえばどんなバイトを？

坂井　朝日新聞の国際本部でバイトをしてましたから。

――朝日新聞の国際本部ってなに？

坂井　朝日新聞が出版している『朝日イブニングニュース』っていう英字新聞があったんですよ。その英字新聞の編集部で私はバイトをしてましたから。

――その編集部を何をやってたの？

坂井　ええっと、新聞には天気図があるでしょ。天気図には等圧線っていうのが載ってるんだけど、あの高気圧とか低気圧とかっていうのを朝日新聞が毎日作るでしょ。それの英字版だから「高」っていう字を「H」に貼り直したり、「低」っていう字を「L」に貼り直したりとかしてましたから。

――オシャレ!!

坂井　つまり天気予報ページを担当してましたんで、天気予報も私がするんですよ。

――天気予報はしないでしょ。

坂井　いや、次の日の天気予報を私が177に電話して聞いて、「晴れのちくもり」だったら「Fair，later，cloudy」って書いたりとか。

――えっ、ウソでしょ!?　朝日新聞とか大きな新聞社の天気予報って177の情報なの？　まあ、でも気象庁だもんね。

坂井　ネットがなかった時代だったし、気象庁は15分とか30分おきに予報を更新するので、177がいちばん速いんですよ。

――なるほど、そっか。

坂井　だから名古屋の天気は、最初に「052」ってかけてから「177」をかけると名古屋の天気予報が聞けるの。それで「雨ときどきくもり」だったら「Rain occasionary cloudy」って書いたりとか、そんな感じのことをしてましたから。

――ことごとくオシャレだなあ。

坂井　バーニーズ・ニューヨークで服を買って、ジャン・リュック・ゴダールの映画をアテネ・フランセ文化センターに観に行ってましたから。

「友達に連れられてイエローに行くと、すれ違いざまに女性からキスをされるんですよ。くちびるに（笑）」

――ははあ。こういう昔の頃の話って、主人公のいまの容姿で情景をイメージしがちだけど、当時の体重はどれくらいでしたっけ？

坂井　70キロ代です。身長が183ありますしね。

――183センチ・70キロ台のシュッとしたオシャレな学生だったんですよね。のちに○○○○から性加害を受けるほどの美少年。

坂井　あのさ、本当によくないっスよ！（笑）。

――まあ、のちに売れたから坂井さんも訴えていないけど（笑）。

坂井　売れてなかったら訴えていましたね（笑）。

――やめた。マジでよくないですね。じゃあ、私なんかとは行動範囲が全然違う、キラキラした人種だったってことですね。

坂井　まあ、そういう生活も長く続かなかったですから。

――やっぱり上京してきてすぐで、気張っていた部分もありました？

坂井　そうだし、やっぱ見た目がよかったから、イケメンのオシャレなヤツに来るバイトとかのお誘いが来てましたから。

――なんだそれ。たとえば？

坂井　ユナイテッドアローズが二子玉川でカフェをオープンしたときのオープニングレセプションのスタッフとか。そのときはなんか凄く女性から声をかけられたような気がします。

――ウソ～!?

坂井　だってね、私がクラブとかに遊びに行くじゃないですか。当時だと西麻布にイエローっていうクラブがあったんですけど。

――ああ、イエローね。行ったことないけど（笑）。

坂井　友達に連れられてイエローに行くと、すれ違う女性からキスをされるんですよ。

――えっ、ウソでしょ!?　その女の子は日本人!?

坂井　はい。すれ違いざまに女性からキスされてましたよ。くちびるに（笑）。

――えっ、ビル・トゥ・ビル!?

坂井　そう。だけどそんなタイプの男ってまったくおもしろくないじゃないですか。見た感じからしておもしろくないですし、よくよく考えたら先がない。だから俺は太るしかなかった。

――おもしろい男になりたくて太ったんだ。

坂井　なりたい自分になるためには太るしかなかった。

――本当のところはどうして太ったの？

坂井　痩せてる必要がなかった。

――マジでなりたかったオモシロおじさんになっとるな。でも太ろうと思って太ったわけじゃないでしょ？

坂井　そりゃ最初は筋肉質になりたいなとは思いましたよ。

――だって高校3年間、みっちり剣道をやってたわけだし。やっぱり大学で一人暮らしを始めてからの堕落した生活で太ったの？

坂井　まあ、そうですね。

――じゃあ、大学時代からちょっと太りだ

した？

坂井　いや、やっぱ大学時代はそんなに太ってなかったですね。

――だってDDTに入った時点でもそんなに太ってないでしょ。じゃあ、DDTに入ってからですね。

坂井　そう。やっぱりインディー団体が悪い。インディー団体ならではのストレスが原因ですよ。

――ヤクザの人が恰幅がいいのは、やっぱ身を守るために自然にそうなっちゃうって言いますもんね。いつ撃たれるかも刺されるかもわからないっていう緊張とストレスから身体がデカくなるっていう。っていうことじゃないの？

坂井　たしかにそれはあるかもしれないですね。

――でも、べつにDDTに所属する全員が太ってるわけでもないですけどね。

坂井　いや、やっぱり居心地が悪かったんでしょうね。俺もそろそろ生き方を変えなきゃいけないのかなとも思いますね。

――話が急に現代に戻った（笑）。いまの会話で自分の半生を振り返ってみちゃった？

坂井　うん。振り返ってみて、いま、ふと思った。

――何回も言いますけど、マジで坂井さんはいい人生を送られていますから。めちゃくちゃがんばってますし、ちゃんと才能を発揮してますから。

坂井　そうなんですかねえ……？

――本人にしてみたら世間の評価が物足りなかったりするのかもしれないですけど、俺は本当にカッコいいと思ってますよ。

坂井　マジですか。もしかしたら、いまいち評価されないところも含めていいのかもしれないですね。

――この言葉は甲本ヒロトbotみたいなやつで繰り返し出てきますけど、「売れてるものがいいって言うんだったら、いちばん美味いラーメンはカップラーメンってことになる」と。

坂井　そうだ。

――坂井さんはチェーン展開を目論むわけでもない、こだわりのラーメン屋さんをやっているようなもんじゃないですか。

坂井　効率化に走らず。そうですよね。

――全然カッコいいじゃないですか。

坂井　いや、なんでこんな遠く新潟で、俺だけひとりがんばらなきゃいけないんですか。

――それは自分で帰ったんだろ（笑）。

坂井　なんでこんな遠くにいなきゃいけないんだよ（笑）。

――新潟在住ということもフルに活用しているくせに（笑）。

坂井　逆に言うと、遠くでもこれだけやれてるんだから、真ん中（東京）だったらもっとやれているんじゃないかって思ってますよ。

――そういう「いまでこうだから、真ん中に出ていたら俺はどうなっちゃってたんだ？」っていうエクスキューズもありますよね。

坂井　そう。これ、真ん中で痩せてたらどうなってたんだろうね？

――川崎麻世みたいになっていたかもしれないな（笑）。

坂井　じゃあ、結果Vネックか。

――結果Vネック（笑）。

坂井　むしろ、もっと遠くに行ったらダメですかね？　新潟市よりももうちょっと遠くの佐渡島とかに移住したらダメかな。佐渡島はちょっと遠すぎるか。いよいよ遊べなくなりますもんね。

――いや、やっぱここは原点に帰ってアントワープでは？

坂井　井上さん、聞いてください。アントワープに行っても、もうアントワープの服は身体に入らないんですよ。

Nº143 KAMINOGE

次号 KAMINOGE144 は
2023 年 12 月 5 日（火）発売予定!

ボクシングの世界に行っても、
私たちのような老兵とお付き合いしてくれる
那須川天心さん。

2023 年 11 月 14 日
初版第 1 刷発行

発行人
後尾和男

制作
玄文社

編集
有限会社ペールワンズ
（『KAMINOGE』編集部）
〒 154-0011
東京都世田谷区上馬 1-33-3
KAMIUMA PLACE 106

WRITE AND WRITE
井上崇宏
堀江ガンツ

編集協力
佐藤篤
小松伸太郎
村上陽子

デザイン
高梨仁史

表紙デザイン
井口弘史

カメラマン
タイコウクニヨシ
保高幸子
橋詰大地

編者
KAMINOGE 編集部

発行所
玄文社
［本社］
〒 107-0052
東京都港区高輪 4-8-11-306
［事業所］
東京都新宿区水道町 2-15
新灯ビル
TEL:03-5206-4010
FAX:03-5206-4011

印刷・製本
新灯印刷株式会社

本文用紙：
OK アドニスラフ　W A/T 46.5kg